KB068253

TIMEBOXING

생산성을 200% 끌어올릴 수 있는 시간 관리 기법

타임박싱

TIMEBOXING

마크 자오-샌더스 지음

이영래 옮김

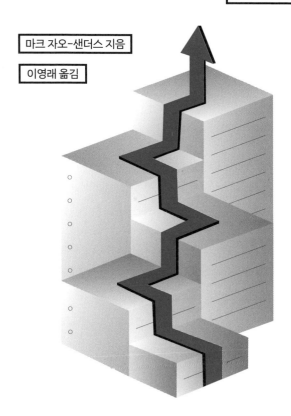

RHK
알에이치코리아

이 책에 쏟아진 찬사

타임박싱은 정말 효과가 있다. 나는 30여 년 동안 일과 삶의 균형을 찾으려 애썼고 거의 모든 것을 최적화시켰다고 생각했다. 이후 《타임박싱》을 읽었고 그 영향은 즉각적이고 극적이었다. 매일 아침 새로운 습관이 된 타임박싱은 나에게 새로운 수준의 집중력, 차분함, 생산성을 선사했다. 스탠퍼드 대학교의 학생들이 올해에 단 한 권의 책을 읽어야 한다면 이 책을 읽기를 바란다.

— BJ 포그, 《습관의 디테일》 저자

계획적인 삶의 마스터 클래스. 타임박싱에 관한 이 책은 산만한 세상에서 집중하기 위해 노력하는 모든 사람에게 필수적이다. 나는 오랫동안 타임박싱의 이점을 옹호해왔는데, 저자의 이 책은 거기에 생기를 불어넣는다.

— 니르 이얄, 《초집중》 저자

타임박싱은 일을 완수하는 데 도움을 준다. 하지만 그보다 더 중요한 것은 좋아하는 일을 더 하고, 싫어하는 일을 덜 할 수 있도록 돕는다는 점이다. 이 책의 교훈을 내면화한다면 그 과정의 모든 단계에서 코치가 당신과 함께하는 느낌을 받을 것이다.

— 킴 스콧, 《실리콘밸리의 팀장들》 저자

그 어느 때보다 많은 사람들이, 아마도 대부분의 사람들이 효과적으로 집중하는 데 어려움을 겪고 있을 것이다. 우리는 매일 혼란에 빠져 어쩔 줄 몰라한다. 이 현명하고 매력적인 책은 삶과 일을 구조화해 실제로 일을 완수하도록 하는 강력한 기술을 거짓말처럼 간단하게 설명한다. 굉장한 발견이다!

— **마이클 바스카**, 《휴먼 프런티어》 저자

《타임박싱》은 내 습관을 거의 즉각적으로 바꾸어주었을 뿐 아니라 시간 자체에 대한 내 생각까지 바꾸어준 매우 실용적인 책이다. 지금 당장 달력에 이 책을 읽을 시간을 표시하라.

— **루크 버기스**, 《너 자신의 이유로 살라》 저자

제약=자유. 목표는 경직된 삶이 아닌 자신에게 진정으로 중요한 것으로 가득 찬, 목적을 좇는 활기찬 삶이다. 계획 없이 인생을 떠돌고 있는 느낌이 든다면 이 책을 읽어보길 바란다.

— **엘리자베스 그레이스 손더스**, 《루틴의 힘》 저자

우리가 할 일은 우리에게 주어진 시간에
무엇을 할 것인지 결정하는 일뿐이다.
― 간달프(영화 〈반지의 제왕〉 속 인물)

핵심어: 주도, 주체성, 평온,
차분함, 자유, 부담,
집중, 마음챙김, 숙고,
몰입, 협력, 계획, 신뢰,
할 일 목록to-do list,
일정표calendar, 공유,
토끼굴, 습관, 휴식,
수면, 더 큰 힘,
한 가지, 단순성

글자 수: 135,925
독시 시간: 226분

우리는 일하는 방식이 어설프면 간절히 바라는 삶에 이르지 못한다. 이 책은 그런 삶을 이루는 실행에 대한 것이다. 그것을 '타임박싱'이라 한다.

나는 왜 이 책을 쓰게 되었나

나의 직장 생활은 20년 전부터였다. 당시의 나는 통제력이 전혀 없었다. 지시가 오면 받고, 가장 크게 소리치는 사람에게 대답했다. '힐 일 목록'을 만늘었지만, 우선순위를 어떻게 정해야 하는지 잘 알지 못했다. 나는 기본적인 실수를 저질렀고, 급한 일은 쌓아두었으며, 종종 못마땅한 표정과 비난을 마주해야 했다. 몇 개월의 고생 끝에 나는 간단한 체계(이것을 일일 업무 계획이라고 불렀다)를 만들었다. 할 일 목록에서 우선 항목을 골라, 스프레드시트에 붙여넣고, 시간이 얼마나 걸릴지 예측한 뒤(7.5분 단위로 정해서 15분, 30분, 1시간 등으로 쌓는다), 그들을 처리했는지 확인했다. 훨씬 나은 방법이었다. 중요한 일들을 마칠 수 있었고, 진행하면서 체계를 조정할 수 있었으며, 내게 더 많은 통제권과 성취감을 얻을 수 있었고(스프레드시트는 매일 생산적으로 일한 시간이 얼마나 되는지를 계산해 주었다), 검색이 가능한 디지털 기록으로 남길 수 있었다.

하지만 완벽과는 여전히 거리가 있었다. 스프레드시트를 회의와 같은 기존의 일에 끼워 맞춰야 했다. 동료들은 파일에 접근할 수가 없어서(2000년대 초에는 드롭박스나 구글 드라이브가 등장하기 전이었다) 나는 특정 항목 뒤에 있는 세부 사항을 다른 사람에게 보여줄 수가 없었다. 더구나, 주의 깊게 관리하지 않으면 주어진 때에 내가 해야 하는 일이 무엇인지, 내가 적절하게 진행하고 있는지, 뒤처지지는 않았는지 명확히 알 수 없었다.

10여 년 전 나는 《하버드 비즈니스 리뷰》에서[1] 우연히 대니얼 마코비츠Daniel Markovitz가 쓴 논문을 읽게 되었다. 할 일 목록을 일정표에 옮기는 것이 생산성을 높이는 데 극적인 효과를 낸다는 내용이었다. 마코비츠는 할 일 목록 그 자체가 심한 부담감을 주는데다, 우선순위를 정하기 어렵고, 맥락이 없으며, 목록의 주인이 거기에 전념하도록 해주지 못한다고 주장했다. 공유 일정표는 이런 문제들을 모두 해결한다. 공감이 갔다. 그렇게 나는 2014년 초 매일 그 방법을 적용했고 타임박싱에 익숙해졌다. 아침마다 15분에 걸쳐 무엇을 해야 할지, 시간을 얼마나 할애할지 정하고, 그 모든 것을 구글 캘린더에 적었다.

이것이 모든 것을 바꾸어 놓았다. 모든 것을 훨씬 더 확실하게 파악하게 되었다. 내가 무슨 일을 하고 있는지 알았고, 그것이 집중해야 할 일이라는 확신을 느꼈다. 언제 작업을 마칠지 보다 정확하게 예측하면서 새로운 일을 받아들일 수 있는지 아닌지 말할 수 있게 되었다. 불확실하고 부담이 큰 때에는 '일정표로 돌아가자'라는 좌우명이 내게 빛이 되었다. 나는 사업을 시작하면서 직원들에게 도움을 주는 CEO, 투명한 CEO가 되는 바람을 가졌다. 그리고 타임박싱을 통해 나의 모든 일의 기록을 공유함으로써 CEO로서 이 두 가지 모습을 실현할 수 있었다.

나는 타임박싱을 점점 더 잘하게 되었다. 지난 10년의 일정표 항목을 보면 내 타임박싱 실천이 안정적으로, 유익하게 진화해 왔다는 것을 확인할 수 있었다. 업무 중의 공백이 줄어들고, 타임박스의 크기가 보다 일정해지고, 타임박스의 이름이 더 알아보기 쉬워지고, 타임박스의 색상을 지정해서 삶의 다양한 영역에 시간을 어떻게 분배하고 있는지 한눈에 볼 수 있었으며, 이런 체계적인 접근법이 일 이외에도 유용하다는 것을 발견하고는 여가 시간에도 점차 타임박싱을 적용하게 되었다. 정말 모든 것이 바뀌었다.

타임박싱은 깨어 있는 대부분의 시간 동안 내가 어떤 일을, 언제, 어떻게 하는지에 많은 영향을 주었다. 없으면 안 될 도구였다.

5년이 지나고 이 새로운 방식에 매료되던 중 다른 사람들도 이 혜택을 누렸으면 하는 생각이 들었다. 그래서 《하버드 비즈니스 리뷰》에 이 주제에 대한 글을 기고했다.[2] 수년간 타임박싱을 해오면서 나는 이 방법을 더 강력하게 만드는 몇 가지 부가적인 혜택을 관찰했다. 색상에 따라 프로젝트의 성질을 한눈에 파악할 수 있었고, 다른 사람들에게 내가 언제 무슨 일을 하고 있는지 알릴 수 있었고, 내가 한 모든 일을 기록할 수 있었으며, 통제력을 발휘할 수 있었고, 일을 빨리 처리할 수 있었다. 그 글은 몇 년간 《하버드 비즈니스 리뷰》의 가장 인기 있는 글이었다. 많은 독자들이 내게 직접 편지를 보내왔다. 대부분은 그 아이디어에 공감하고 시도해보겠다는 내용이었다. 한동안 그 방법을 사용했는데 거기에 이름이 있다는 것을 발견하고 기뻤다고 얘기하는 사람들도 있었다. 한 싱글 대디는 모든 일을 처리하는 것이 불가능하다는 생각이 들 때 타임박싱이 유용했다고 전했다. 마코비츠도 연락을 해왔다! 그리고 많은 사람들이 타임박싱을 어떻게 실행하는지 물어왔다.

인기는 거기에 그치지 않았다. 2022년 기획력이 대단한 한 틱톡 크리에이터가 타임박싱의 혜택을 알리는 동영상을 만들고[3] 내 《하버드 비즈니스 리뷰》의 글을 언급했다. 그 영상의 조회 수가 단

몇 주 만에 1,000만을 기록했다. 영상에 대한 반응은 타임박싱이 제공하는 혜택에 대한 관심이 크다는 또 하나의 증거가 되었다.

나는 수십만의 고위 관리자들이 이미 비서를 고용해 매일 자신들을 위해 타임박싱을 하면서 일정표를 관리하고 자신들이 내놓는 아웃풋, 만족감, 편안함을 향상시키도록 한다는 것을 잘 알고 있다. 세계적인 성취를 이룬 많은 사람들, 카를 융-Carl Jung(스위스의 정신의학자로 분석심리학의 개척자), 알베르트 아인슈타인Albert Einstein, 빌 게이츠Bill Gates, 메리 캘런 어도스Mary Callahan Erdoes(세계 최대의 종합금융기업 JP모건 체이스의 자산관리부문 CEO-옮긴이)가 타임박싱을 적용하고 있다. 이 개념은 Z세대 틱톡 사용자부터 바쁜 부모 세대, 고위 경영자, 세계 최고의 리더들까지 폭넓은 매력을 가진 것처럼 보인다.

□ □ □ □

평일 아침이면 십억 정도의 지식 노동자들이 잠에서 깨어 픽셀로 만들어진 화면 앞에서 8시간 이상 정보를 처리한다. 일은 끝이 없다. 어떤 일을 해야 하는가의 선택도 끝이 없다. 그리고 일 이외에도 각종 작업과 책무가 있다. 거기에는 또 그 나름의 긴급성과 중요성이 있기에 어떻게든 일과 병행하고 일정에 끼워 넣어야 한다.

주어진 매 순간마다 우리는 사소하지 않은 선택의 바다와 마주한다. 이 때문에 우리는 다양한 측면에서 고통을 받는다. 끊임없이 밀려드는 선택지로 인해 피로를 느끼고, 옳은 결정을 하는 능력은 점점 떨어진다.[4] 우리는 소셜 미디어에 등장하는 온갖 것들을 놓치게 될까 두려워한다. 눈에 보이지 않게 은밀히 스며드는 알고리즘은 현대의 일상 경험 대부분을 결정짓고, 겨우 떨쳐냈다 싶은 순간 불시에 알림이 우리를 다시 끌어들인다. 우리의 소망, 자기 계발, 성공, 승진, 좋은 인간관계, 건강 등 행복하고 의미 있는 삶에 이르는 습관과 활동을 위한 여지는 남지 않는다.

따라서 우리 대부분은 그래야 하는 것보다도 더 당황하고, 기진맥진하고, 불안하고, 우울한 상태가 된다. 지구상에서 다양한 혜택을 누리며 산다는 사람들 대부분이 이런 상태다.

그 결과, 생산성과 시간 관리에 대한 수천 권의 책과 기사가 나왔다. 습관, 체크리스트, 집중, 몰입, 에너지, 우선순위, 더하거나 덜 하겠다는 약속, 미루기를 막는 방안, 정신 건강, 명상 등 각각이 그만의 관점이 있으며 서로 겹치는 부분들도 종종 나타난다. 이 책들 중에는 《아주 작은 습관의 힘》, 《딥 워크》, 《초집중》, 《4,000주Four Thousand Weeks》, 《성공한 사람들이 시간 관리에 대해 알고 있는 15가지 비밀15 Secrets Successful People Know about Time Management》, 《개구리를 먹어라》처럼 강력한 방법을 제시해 베스트셀러가 된 것들도 있다.

하지만 그 어떤 책도 타임박싱에 대한 시속적이고 칠지한 지침을 제시하지 않는다. 앞서 언급한 여섯 권의 베스트셀러 모두가 타임박싱이라는 실천과 그 잠재력을 인정하되 그에 대해서는 몇 줄, 몇 페이지를 할애하는 것에 그친다.

따라서 더 많은 사람들에게 그 방법과 사고방식을 전달할 수 있는 기회가 남아 있고 내게 그런 책임이 있는 것 같았다. 이 책은 매일 매시간 선택에 짓눌려 사는 수십억 사람들에게 바로 도움을 줄 수 있는 근본적인 시간 관리 철학으로서의 타임박싱을 보여준다.

왜 당신에게 이 책이 필요한가

내가 한번 맞춰볼까? 당신은 바쁘다. 종종 부담감에 질리는 느낌이 든다. 일단 당신은 디지털 화면 앞에서 보내는 시간이 많다. 이 디지털 세상은 당신을 묶어 두기에 충분한 장치들이 많다. 잠에서 깨면 몇 분 안에 휴대폰부터 집어 든다. 당신에게는 어디에서 일할지, 무슨 일을 할지를 결정할 수 있는 유연성이 있다. 당신은 지금 하는 것보다 훨씬 많이 기술을 개발하거나 공부를 하고 싶을 것이다. 당신은 한꺼번에 여러 가지 일을 할 때가 많다. 보통은 왜 그렇게 하는지 인식하지도 못한 채. 그리고 그 어느 것에도 좋은 기분을 느끼지 못한 채. 이메일과 메신저를 따라잡기가 힘들어서 답신하지 못하는 경우가 자주 생긴다. 책을 읽어야 한다고 생각만 하고 실제 읽지 못할 때가 많다. 집에서는 직장 일을 걱정하고 직장에서는 집안일을 걱정한다. 자주 스트레스를 받는다. 소중한 사람들을 자주 만나지 못하고 만났을 때도 온전히 집중하지 못한다. 생산성을 높인다는 여러 가지 기법을 시도해보지만 효과를 본 것도, 꾸준히 실천하는 것도 없다. 지금의 워라밸에 만족하지 못한다. 당신은 지쳐 있다. 소셜 미디어가 주는 것보다는 당신으로부터 앗아가는 것이 많다는 생각이 들지만 그래도 당신은 여전히 소셜 미디어를 스크롤하고 있다. 시간이 좀 더 있었으면 좋겠다고 생각한다.

아마 당신은 다음 중 하나에 해당될 것이다.

- ☐ 미루는 습관 때문에 마감일을 지키는 데 애를 먹는 학생
- ☐ 여러 고객, 업무, 새로운 일거리 찾기, 새로운 기술 개발, 청구서 처리 등의 일을 곡예하듯 처리하는 프리랜서
- ☐ 주어진 모든 자유와 선택지를 관리해야 하는 원격 근무자
- ☐ 마감일에 맞춰 제품을 감각적, 예술적으로 표현해내야 하는 창작자
- ☐ 자신과 클라이언트를 위한 훈련 일정과 식이 계획을 준비해야 하는 운동선수나 개인 트레이너
- ☐ 일과 가족과 다른 모든 것의 균형을 맞춰야 하는 부모
- ☐ 수천 가지 일을 혼자서 해야만 하는 한 부모
- ☐ 글 길이 막혀서 괴로운 작가

□ 온갖 일을 진행하면서 입에 풀칠하기 위해 노력하는 자영업자

□ 갑자기 시간이 많아졌지만 그 시간을 어떻게 활용해야 할지 알 수 없는 은퇴자

□ 어떤 고객에게도 몰두하지 못한다고 느끼는 고객 담당자

□ 성격이나 ADHD로 집중력과 주의력에 문제가 있는 사람

모든 사람은 배경, 성격, 신경생물학적 특성이 다르다. 하지만 세계화, 디지털화, 상호 연결성은 인간 경험의 폭을 제한하고 동질화시켰다. 그래서 우리는 매우 비슷한 삶을 살고 비슷한 방식으로 고통을 겪는다. 결국, 우리에겐 약간의 지침이 필요하다. 더 나은 자신과 더 나은 습관을 개발하고 싶지 않은 사람은 없다. 그리고 모두가 전면적인 변화를 일으키기보다는 기존의 작업 방식과 생활 방식을 근거로 삼고 싶어 한다. 우리는 이 모두를 실현할 간단한 방법을 원한다. 그것이 이 책이 당신에게 필요한 이유다.

책의 마지막 부분의 '전 세계의 타임박싱 사례'는 당신과 같은 사람이 수도 없이 많으며, 간단한 방법으로 그런 상황을 크게 개선했다는 것을 입증한다. 전 세계 각계각층 사람들은 타임박싱이 편안함, 생산성 그리고 많은 경우 즐거움의 원천이었다는 이야기를 전한다. 그들의 이야기는 타임박싱이 많은 사람들에게 사랑받는 다는 것을 보여준다. 당신도 거기에서 공감하는 이야기를 찾길 바란다.

이 책을 이용하는 방법

이 책은 4부로 이루어져 있다.

☐ 1부는 타임박싱이 효과적이며 그 효과가 삶을 바꾼다는 확신
　을 주기 위한 부분이다.
☐ 2부는 당일 아침이나 전날 저녁이 타임박스를 선택하고 만드
　는 데 도움을 준다. 이 부분의 초점은 이후의 15시간을 결정
　짓는 중요한 15분에 있다.
☐ 3부는 종종 예상을 벗어나는 하루를 보내는 동안 타임박스
　안에서 실제 일을 하고 생활하는 데 대한 이야기다.
☐ 4부는 타임박싱을 완전히 체화된 습관으로 만들고, 인생의
　1/3에 해당하는 일, 여가, 수면에 맞추어 조정하도록 격려한
　다. 이 부분은 타임박싱이 단지 몇 개월이 아닌 수년, 수십 년
　동안 효과를 내도록 하는 데 그 목적이 있다.

타임박싱은 방법인 동시에 사고방식이다. 시간 관리의 중요성
을 인식하고, 당신의 행동을 변화시킬 수 있으며 타임박싱에 많은
혜택이 있다는 것을 알아야 한다. 달리 말하자면, 타임박싱에서는
무엇을 하든 그에 대한 긍정적인 태도와 믿음을 개발하는 것이 중
요하다는 것이다. 1부는 그런 사고방식을 가지는 데 도움을 준다.

일단 올바른 사고방식을 가지면 무엇을 해야 할지, 어떤 단계를 밟아야 할지에 대한 간단하고 명확한 설명이 필요하다. 2부, 3부는 그 방법을 보여준다. 마지막으로 4부는 사고방식을 진화시켜 타임박싱을 실천하면서 계속 구체적으로 변화하는 자신의 요구 조건에 맞춰나가는 법을 배워 결국 자신의 것으로 만드는 것이다.

이것은 실용적인 목적으로 계획한 책이다. 각 장들은 짧고 쉽게 읽힌다. 평균 글자 수 11,000~3,000자 내외로 거의 누구나 10분 안에 읽을 수 있다. 아무리 바빠도 그런 자투리 시간은 만들 수 있다. 한 장을 마치고 다음 장으로 넘어갈 때면 짜릿한 기분이 들지 않는가? 이 책의 24개 장은 하루에 몇 분만 투자하면 한 달 안에 쉽게 읽을 수 있다. 각 장에는 그 안의 내용을 최대한 활용할 수 있도록 교육적인 메타 데이터metadata(다른 데이터를 정의하고 기술하는 데이터, 데이터에 대한 데이터-옮긴이)가 포함되어 있다. 시작 부분에는 내용의 핵심어와 명언을 제시했다. 마지막에는 앞의 내용을 복습하는 '정리하기', 그 내용을 성찰하는 '생각하기'가 있다.

읽은 대로 타임박싱을 시도해보라. 이론에 실천을 결합한다면 보다 많은 것을 얻을 수 있다. 처음에는 타임박스가 완벽하지 못할 것이다. 너무 크거나, 너무 작거나, 너무 많거나, 너무 적은 식으로 말이다. 확신도 없을 것이다. 하지만 곧 자신감을 얻고 배운 대로 실천한다면 당신의 타임박스는 빠르게 발전할 것이다.

곧 어떤 어려운 부분이 왜 어려운지 알아차리고 그에 대한 해법을 찾기 위해 책에 몰입하게 될 것이다. 타임박싱을 시작하는 데에는 복잡한 장비도 누구의 도움도 필요치 않다. 1장에 빠른 출발을 위한 기본적인 지침이 있다. 각 장의 앞부분에 있는 글자 수와 예상 독서 시간은 이 책의 타임박싱을 디 쉽게 만들어준다. 더 이상의 변명은 불가능하다. 2분 후에 만나게 될 1장을 읽기 위한 타임박스를 당장 만들도록 하라. 이 제안에 끌리지 않는다면 최소한 당신의 그런 마음을 인지하고 그 이유를 자문해보라.

타임박싱의 사고방식과 방법을 읽고 채택하고 적용하다 보면 일련의 변화를 알아차리게 된다. 일을 보다 잘 통제하고 있고, 주체적으로 움직이고 있다는 느낌이 든다. 작업에 얼마나 시간이 걸릴지 더 잘 예측하게 된다. 항상 '지금 해야 하는 것이 무엇인가'라는 질문에 대한 답을 갖게 된다. 보다 의도적으로 행동하고, 명확하고 차분하게 생각할 수 있는 시간에 계획한 대로 행동하기 때문에, 중요치 않고 의미 없는 활동과 당신에게 피해를 주는 강박적인 행동에 시간을 덜 쓰게 된다. 이전에는 낭비하던 시간을 유용한 언어를 익히고, 오랫동안 방치되었던 악기를 연주하고, 오랫동안 탐내왔던 기술을 배우고, 소홀했던 인간관계에 관심을 갖는 등 중요한 활동에 사용하게 된다. 주말과 휴가를 당신 생각대로 보낼 수 있게 된다. 가족, 친구, 심지어는 낯선 사람에게도 타임박싱에 대해 이야기하게 된다. 시간을 보낸 방식에 대해 후회하는 시간이 훨씬 줄어든다. 시간이 흐르면 작은 성공들이 쌓여 평생의 긍정적인 변화를 이룬다.

당신은 나보다 훨씬 빠르게 타임박싱을 마스터할 수 있다. 10년의 시도와 실패를 통해 발견한 혜택을 한 달 안에 당신 것으로 만들 수 있다. 또한 당신의 상황과 삶에 맞는 버전을 개발할 수 있다.

□ □ □ □

나는 기술 기업을 경영하고 있다.[5] 신나고 즐거울 때도 있지만 일 이외의 급한 일들 때문에 늘 기진맥진한 상태가 된다. 타임박싱을 통해 이 모든 것을 어느 정도 통제할 수 있다. 타임박싱은 주의를 기울여 관리할 것이 무엇인지, 어떻게 해야 하는지 파악하는 데 도움을 준다. 복잡한 업무와 수많은 책임 중에서도 한 번에 한 가지 일로 돌아올 수 있는 차분함, 불안을 없애는 힘이 있다.

나는 이 방법이 자연스럽고 손쉬우며, 당신이 더 많은 일을 하고, 더 좋은 기분을 느끼고, 당신이 영위하는 삶을 살게끔 도와줄 수 있다고 믿는다. 나에게 그랬듯이 타임박싱이 당신에게도 닥치는 대로 살아가는 바쁜 생활에 꼭 필요한 평온과 생산성을 가져다주는, 삶을 변화시키는 평생의 지침이 되길 희망한다.

마크 자오-샌더스

목차

1부

믿어라

하기로 마음먹은 것이 있는가? 그것을 언제 할 생각인가?

이 책의 1부는 당신이 타임박싱이 무엇인지 이해하도록 돕는다.

또한 언제 무엇을 해야 할지 결정하는 일에 변화를 일으켜야겠다는

확신과 의욕을 갖도록 한다.

당신은 곧 타임박싱의 여러 뛰어난 이점들을 파악하고

자신의 삶이라는 배경에서 그 이점들을 고려할 수 있게 된다.

01:00

타임박싱이
답이다

핵심어: 정의

불안

FOMO fear of missing out

(자신만 뒤처지거나 소외되는

것 같은 두려움을 가지는

증상-옮긴이)

주체성

의도

방법

사고방식

글자 수: 7,155

독서 시간: 12분

사람들은 생각을 하면서도 시계에 신경을 쓴다.
점심 식사를 하는 동안에도 주식 시장의 동향에 대한 최신 뉴스를 읽는다.
항상 '뭔가 중요한 것을 놓치고 있지는 않은지' 조바심을 내며 살아간다.

— 프리드리히 니체 Friedrich Nietzsche

타임박싱이란, 타임 블로킹 time blocking (집중할 시간을 확보하는 시간 관리 방법-옮긴이), 스케줄링, 일간 계획, 싱글태스킹 single-tasking (멀티태스킹의 반대말-옮긴이), 일정표 관리, 시간표 작성 등 비슷하게 보이는 시간 관리법들과 뭉뚱그려져서 인식되거나 혼동되는 경우가 많다.

타임박싱을 전문으로 다루는 책이 일관성 없고, 서로 다른, 혹은 중복된 타임박싱의 정의를 받아들일 수는 없지 않은가! 더구나 개개의 정의들도, 전체적으로도 전혀 만족스럽지 못하다. 그래서 나는 타임박싱을 다음과 같은 방법이자 사고방식이라고 제안한다.

집중을 방해하는 요소가 생기기 전에 무엇을 해야 할지 선택하고, 일정표에 각각의 작업과 그것의 시작과 끝을 명시하여, 한 번에 하나에 집중해서 각각의 작업을 완벽하기보다는 허용 가능한 기준까지만 수행할 것.

이 같은 정의는 타임박싱 실행의 가장 중요한 요소들, 즉 의도성, 집중, 성취, 순서, 완료 그리고 타임박싱 자체의 생성 과정까지 모두 아우른다. 또한 이 정의는 대단히 중요한 사항을 강조한다. 타임박싱은 그 일을 잘해낼 수 있는 상황에서만 진행해야 한다.

타임박싱은 할 일 목록과 일정표의 조합이라고 이해하는 것이 좋다. 할 일 목록은 무엇을 해야 하는지 알려주고 일정표는 그것을 언제 해야 하는지 알려준다. 이를 조합하면 둘을 따로 사용할 때보다 훨씬 더 쉽게 실천할 수 있고 더 많은 이점을 볼 수 있다.

또한 타임박싱을 타임 블로킹과 구분하는 것도 중요하다. 타임 블로킹은 무언가를 하기 위해 시간을 마련하는 것이다. 타임박싱은 타임 블로킹+시간 내에 작업을 완료하겠다는 약속이다. 다시 말해, 타임 블로킹은 배타적 집중에 관한 것이라면, 타임박싱은 배타적 집중+명시된 결과다.

타임박싱으로 어떤 문제를 해결할 수 있을까?

우리의 문제는 시간을 잘 활용하지 못한다는 점이다. 우리는 일을 미룬다. 해야 할 일보다 해내는 일이 적다. 여가 시간에도 홀가분하지 않다. 자신을 지나치게 속박한다. 불안을 느낀다. 도입 부분에 열거된 많은 특성이 우리 대부분에게 해당된다.

오늘날 우리가 시간 활용에 어려움을 겪는 데에는 다음과 같은 이유가 있다.

□ 지식 업무knowledge work(데이터 수집, 처리, 전달 등을 포함한 행위를 기본으로 한 작업에 사용되는 용어-옮긴이)가 계속 이어진다.

□ 계속해서 많은 선택에 직면한다. 이때 효과적인 선택을 해야 한다는 불쾌한 압박감이 따라온다. 그리고 우리가 선택해야 하는 대상들 대부분은 쓸데없는 것들이다.

□ 주로 소셜 미디어 피드를 통해 다른 곳에서 일어나는 일들에 대해 잘 알게 되면서 우리는 FOMO를 발전시키게 되었다.

□ 통제권은 알고리즘과 다른 사람들에게 넘어갔다. 우리는 자유와 주체성의 많은 부분을 잃었다.[6]

□ 우리에겐 시간이 많지 않다. 올리버 버크먼Oliver Burkeman의 표현처럼 4,000주뿐이다. 그리고 가족, 친구와 함께하는 시간처럼 특별하고 제한된 시간을 보낼 기회도 훨씬 줄어들었다.

하지만 주어진 시간에 '무엇을 해야 하는가'라는 질문은 달라지지 않는다. 플라톤의 '윤리학'부터 칸트의 '가언명령hypothetical imperative'[7], 존재의 목적과 존재하는 동안 해야 할 일에 대한 실존주의자들의 고민에 이르기까지 철학은 오랜 세월에 걸쳐 이 문제를 해결하기 위해 노력해왔다.

이 질문은 소설에도 스며들어 있다. 카뮈Albert Camus의《이방인》에 등장하는 뫼르소Meursault, 루크 라인하트Luke Rinehart의《다이스맨》, 베케트Samuel Beckett《고도를 기다리며》속 주인공 디디와 고고의 역경과 그들이 하는 행동을 생각해보라.

우리의 삶은 경험의 누적된 총합이다. 자유의지를 부여받은 똑똑한 종인 우리 대부분이 이런 경험을 선택할 수 있다는 생각에는 단순하면서도 설득력 있는 논리가 존재한다. 좋은 선택을 하면 좋은 삶을 살 수 있고, 좋지 못한 선택을 하면 그렇지 못하다는 논리다. 문제는 우리가 종종 좋지 못한 선택을 한다는 데 있다.

타임박싱을 특별하게 만드는 특징

타임박싱의 특징들 중에는 사고방식과 방법으로서 타임박싱이 갖는 고유의 강점을 보여주는 것들이 있다. 여기서 특징이란 타임박싱이라는 방법의 속성, 타임박싱이 무엇인지에 대한 것이다. 반면에 혜택은 이 방법을 통해 삶이 어떻게 개선되는가를 말한다.

이번 장에서는 타임박싱의 특징에 대해 설명하지만, 이 책의 나머지 부분에서는 타임박싱이 효과가 있다는 증거(2장 참조)와 타임박싱이 열성적인 추종자들에게 가져다주는 혜택(3~8장 참조)에 초점을 맞춘다.

타임박싱은 **논리적이다**. 우리는 삶의 가장 중요한 측면을 체계적으로 결정하고, 우선순위를 정하고, 거기에 마땅한 주의를 기울인다. 그렇게 함으로써, 우리는 일련의 경험, 시간 사용을 매일 매시간 체계적으로 최적화시킨다. 그렇게 하는 사람들은 이런 의문을 갖는다. 어떻게 타임박싱을 하지 않을 수 있지?

타임박싱은 **자연스럽다**. 우리가 이미 하고 있는 것의 자연스러운 확장이다. 일하는 시간의 절반가량(회의, 통근, 협업 시간)과 여가 시간의 일부(운전 연수, 영화 보기, 마사지, 식당 예약)에는 시작하는 지점과 끝나는 지점이 미리 정해져 있다.

일하는 시간의 4시간, 여가 시간의 2시간, 총 6시간이 이미 정해져 있다고 가정해보자. 타임박싱은 이것의 연장일 뿐이다. 따라서 자연스럽게 느껴질 수밖에 없다. 깨어 있는 동안의 남은 시간을 살피고(앞서의 예에서는 약 10시간이 남는다) 그 시간의 일부를 더 낫게 사용할 방법을 결정하는 연습을 해보도록 하자. 타임박싱의 기준점을 0으로 두는 대신, 기존의 6시간에서 8시간, 10시간, 12시간으로 늘려간다고 생각한다면 부담이 훨씬 덜해질 것이다. 이미 타임박싱을 하고 있기 때문에 기존의 체계와 과정을 이용하면 된다.

이 책 전체에 걸쳐서 그 체계와 과정을 검토하고 발전시킬 수 있다. 다른 자기 계발 방법들과 달리, 타임박싱은 이미 설정된 방식과 정해진 행동으로 꽉 차 있는 삶에 끼워 넣어야 하는 이질적인 행동이 아니다.

타임박싱은 실천이 쉽다. 기존의 일정표에 항목 하나를 추가하고, 적절한 길이를 설정하면 시작이다. 이 기법은 가장 효과적인 방법을 택해, 전적으로 거기에 집중하고, 완전히 몰입해야(최대한 실천을 통해 배우도록 한다) 숙달이 되며, 그제야 온전히 자신의 것으로 만들 수 있다.

타임박싱은 **보완적이다**. 다양한 시간 관리법이 존재한다. 타임박싱은 그들과 일관성이 있어서 어느 것이든 지원할 수 있다. 아이젠하워의 매트릭스Eisenhower's Matrix(작업을 중요도와 긴급성에 따라 4분면으로 분류하는)를 채택하고 있다면 가장 중요하고 긴급한 항목을 택해서 가장 먼저 일정표에 타임박스를 마련한다.

개구리 삼키기eating frog(가장 어려운 작업이나 중요한 일을 먼저 처리하는 것-옮긴이)를 신뢰한다면[8] 그런 개구리들을 일정표의 앞쪽에 배치한다. 바위를 자갈과 모래보다 우선해야 한다고(작은 작업을 큰 작업 주변에 배치해야 한다고) 생각하는 사람이라면 큰 작업의 타임박스를 먼저 마련한다.

80/20 법칙(결과의 80퍼센트는 20퍼센트의 원인에서 나온다)에 동

의한다면 사소한 여러 가지 작업에 앞서 중요한 몇 개를 일정표에 배치한다. 일을 작은 덩어리로 나누어 하는 사람이라면, 덩어리를 나누어서 각각의 덩어리에 대한 타임박스를 만든다. 에너지 수준이 개인적인 생산성의 주된 동인이라고 생각한다면, 창의력이 요구되는 업무, 행정적인 일, 식사, 운동, 휴식을 에너지 수준에 맞는 시점에 실행하도록 배치한다.

영양 섭취가 개인 생산성 계획의 일부라면 타임박싱은 필요한 간식과 음료를 먹을 시간을 일깨워주는 역할도 한다. 타임박싱은 다른 모든 시간 관리 기법의 친구가 될 수 있는 유연한 법칙이자 모든 것을 좌우하는 습관이다. 하지만 이런 기법들 대부분이 서로 충돌한다. 에너지 수준에 따를 때 중요한 작업을 나중에 처리해야 한다면 어떻게 해야 할까? 난이도 순으로 작업을 배열할 경우 작업의 크기나 중요성과는 맞지 않다면(당연히 이런 일이 자주 일어난다)?

타임박싱은 상대적으로 잘 알려지지 않았다. 일반 대중이 '타임박싱'을 온라인에서 검색하는 일은 다른 기법을 검색하는 경우보다 훨씬 적다.

예를 들어 '아이젠하워 매트릭스'나 '포모도로 기법Pomodoro Technique(25분간 정해진 일을 하고 5분 쉬는 사이클을 4번 반복하는 방식으로, 토마토 모양의 요리용 타이머, '포모도로'를 사용해 이 기법을 실행한 데에서 유래했다-옮긴이)'은 타임박싱보다 검색 횟수가 훨씬 많다.

지금 시작한다면 당신은 타임박싱을 실행하는 비교적 소수의 특별한 사람이 된다. 하지만 그 혜택을 인식하고 즐기는 추종자 그룹이 점점 늘어나고 있다. 이 방법은 게임이론의 비밀과 같이 극소수만이 알고 있어야 가치가 유지되는 것이 아니다. 타임박싱은 모든 배를 들어 올리는 조수와 같다. 타임박싱을 하는 사람들이 많아질수록, 집단의 동기화와 협력의 효과는 커진다(6장 참조).

당장 시작할 수 있는 타임박싱 기초

이어지는 페이지와 장들을 읽으면서 적극적으로 타임박싱을 연습한다면 훨씬 더 많은 것을 얻어갈 수 있다. 첫째 장에서는 모든 비결들을 담을 수 없지만 타임박싱 정의에 이어 타임박싱에 친숙해지고 내일, 아니 오늘부터 당장 실천해볼 수 있도록 기초의 기초를 소개한다.

우선 올바른 사고방식이 필요하다. 효과가 있을 것이란 긍정적인 태도와 믿음이 필요하다. 당신 손에 이 책이 들려 있고 여기까지 읽었다는 것은 이런 측면에서 바람직한 상태라는 의미다. 1부의 여러 장들이 타임박싱의 폭넓은 혜택에 대한 더 많은 증거들을 제시한다는 것을 잊지 말아 주길 부탁한다.

타임박싱이라는 방법은 계획과 실행 두 가지 활동으로 이루어

지며 이는 각각 2부와 3부에서 설명한다. 각각의 과정에서 할 일
은 다음과 같다.

계획[일과를 시작하기 전]

□ 바쁜 하루가 시작되고 정신이 산만해져 판단력이 흐려지기
   전에 가장 중요한 일과 마쳐야 할 일을 결정할 시간을 마련
   한다(15~30분).

□ 계획을 하는 이 시간을 아침에 가장 먼저 할 일(혹은 밤에 마
   지막으로 할 일)로 일정표(디지털이 이상적)에 배치한다. 매일
   반복적으로 배치해 절대 놓치는 일이 없게 한다.

□ 할 일 목록을 검토한다. 할 일 목록을 작성하지 않는다면 지
   금부터 시작하라! 할 일 목록은 타임박싱의 재료다. 할 일 목
   록이 제대로 작성되어야 타임박싱의 질이 좋아진다.

□ 목록에서 가장 중요하고 긴급한 항목을 선정해 일정표에 추
   가한다. 각 작업이 얼마나 걸릴지 최대한 정확하게 예측한
   다. 순서는 아직 걱정하지 말고 우선 시작한다.

□ 시작하고, 실수하고, 빨리 배우는 것을 목표로 삼는다. 처음
   이라면 작업하는 데 걸리는 시간을 너무 길거나 너무 짧게
   예측하는 경우가 잦을 것이다. 정상적인 현상이다.

실천[일과 중]

- □ 정시에 시작한다.
- □ 방해 요소를 없앤다. 가장 위험한 것은 휴대폰이다.
- □ 계획을 고수한다. 수정하거나 이전의 결정을 바꾸지 마라. 비상 상황이 아니라면 계획 과정에서 차분하고 명료한 상태로 생각했던 것이 업무 중 소용돌이에 휘말려서 생각하는 것보다 낫다.
- □ 정시에 끝낸다. 일을 반드시 완료해야 한다. 괜찮은 정도면 족하다. 완벽을 추구하는 것이 부정적인 영향을 줄 수 있다.
- □ 각 타임박스를 마치면 한 일을 공유하는 것을 목표로 한다. 일을 반드시 마쳐야 하며 공유가 가능할 정도의 수준으로 해야 한다는 부담이 유용하게 작용한다. 이것이 중요한 달성 기준임을 깨닫게 된다.
- □ 주의가 산만해지고 궤도에서 벗어나게 될 것이다. 미리 그것을 예상해 두어야 한다. 그런 일이 일어나면 타임박스(일정표)로, 원래의 작업으로 되돌아오는 연습을 하라. 경험이 쌓이면 주의를 빼앗기는 일이 줄어들 것이다.

지금 읽고 있는 타임박싱이라는 주제는 실험에 매우 적합하다. 매일 아침 일어나면 배운 것을 시도하고, 수정하고, 실험하고, 의문을 제기하고, 자기 것으로 만들 새로운 기회가 주어진다. 그 기회를 흘려보내지 마라! 격일로(월수금 혹은 화목) 시도해본다면 부담 없이 더 쉽게 타임박싱에 적응할 수 있다.

이런 방식으로 타임박싱이 함께하는 삶과 그렇지 않은 삶을 대조시킬 수 있다. 짐작컨대 곧 타임박싱이 없는 날에도 타임박싱을 시작하고 싶은 충동을 느끼게 될 것이다.

■ ☐ ☐ ☐

지금쯤이면 당신은 타임박싱이 무엇인지, 그리고 타임박싱의 기능이 무엇인지에 대해 명확히 파악했을 것이다. 더불어 타임박싱을 사용하라는 강력한 권유도 여러 차례 받았다.

앞으로 몇 개의 장에 걸쳐 타임박싱이 효과적이라는 증거는 물론 타임박싱이 가져다줄 혜택들에 대해 살펴볼 것이다. 타임박싱의 고유한 강점과 광범위한 혜택을 보여주면서 타임박싱이 매우 특별한 방법이라는 사실을 당신에게도 납득시킬 수 있기를 기대한다. 타임박싱은 단순한 생산성 향상의 방법이 아니다. 그저 괜찮은 시간 관리 기법이 아니다. 모든 시간 관리 방법 중 가장 훌륭한, 역대 최고의 방법이다. 어쩌면 인생을 살아가는 데 가장 좋은 방법이 될 수도 있다.

☑️ 정리하기

- 타임박싱은 시간을 잘 사용하지 못하는 문제를 해결한다.
- 타임박싱은 다음과 같이 실행한다.
    - 집중을 흐트러뜨리는 일이 생기기 전에 해야 할 일을 선택한다.
    - 각 작업을 시작하고 끝낼 때를 비롯한 각 작업의 관련 사항을 일정표에 표시한다.
    - 한 번에 한 가지 일에 집중한다.
    - 각 작업을 수용 가능한 기준에 맞춰(완벽을 기하는 것이 아니라) 수행한다.
- 어떤 의미에서 타임박싱은 할 일 목록과 일정표의 결합이다.
- 책을 읽으면서 실험을 병행한다면 타임박싱의 사고방식과 방법을 더 빨리 받아들이고 훨씬 더 많은 것을 얻을 수 있다.

🔧 생각하기

- 이 책을 읽기 전까지 타임박싱을 어떤 것으로 생각했나?
- 다른 개인 생산성 증진 방법 중 하나를 골라 타임박싱과 이렇게 조화시킬지 생각해본다.

□ 어제 깨어 있던 16시간 중에 잘 보냈다고 생각되는 시간은 어느 정도인가?
□ 여기에 가장 인기가 높은 10개의 시간 관리 기법의 목록이 있다. 타임박싱은 정도는 다르지만 10개 모두에 영향을 미치며 8개와는 특히 연관성이 깊다. 그 8개는 무엇일까?[9]
  · 작업의 우선순위 정하기
  · 할 일 목록 만들기
  · 일정표 사용하기
  · 마감 정하기
  · 휴식 일정 잡기
  · 작업 위임하기
  · 방해 요소 제거하기
  · 시간 추적하기
  · 큰 작업 나누기
  · 기술 활용하기

02:00

효과가 있다

핵심어: 믿음

사실

증거

과학

입증

신뢰

의도

목표

실행 의도

약속

글자 수: 7,024

독서 시간: 11분

모든 증거를 확보하기 전에 가설을 세우는 것은 큰 실수다.
그것은 판단을 한편으로 치우치게 한다.

— 셜록 홈즈Sherlock Holmes

타임박싱은 효과적이다. 이렇게 믿는 것은 나는 물론 많은 다른 사람들이 효과를 보는 것을 지켜보았기 때문이다. 이미 언급했듯이, 시도를 하고 생활에 통합시키는 방향으로 나아가려면 당신도 그에 대한 믿음이 있어야 한다. 그러니 10분이 좀 안 되는 시간을 한 개 장에 할애해서 그 증거를 살피고 거기에 설득이 되는지 알아보도록 하라.

과학적 사실과 실행 의도

대부분의 시간 관리 기법은 과학적인 사실에 뿌리를 두기보다는 직관을 기반으로 한다. 그러나 타임박싱은 두 가지 모두를 기반으로 삼는다. 여러 과학 논문(주로 1990년대에 피터 골위처Peter Gollwitzer가 주도한[10])은 미리 공식적으로 목적을 설정할 때 목표 달성의 가능성이 크게 높아진다는 것을 보여주고 있다.

골위처는 '실행 의도implementation intention'라는 개념을 도입했다. 실행 의도란 'X라는 상황이 발생하면 나는 Y라는 대응을 할거야'라는 형식의 약속을 말한다. 실행 의도는 '목표 의도goal intention(내 목표는 X를 달성하는 거야)'라는 고상한 개념보다 세분화되고 구체적이다. 또한 실행 의도는 마쳐야 할 일이 무엇인지 언제 어디에서 그 일을 마쳐야 하는지를 구체적으로 정하기 때문에 보다 현실적이고 유용하다.

타임박싱은 실행 의도의 한 종류다. 타임박싱을 적절히 한다면 언제 어디서 무엇을 할지가 구체적으로 정해진다. 그리고 계획된 타임박스(압력에 못 이겨 만든 것이 아니고, 신중하게, 의도적으로 만든 것이라면)는 그 완성을 통해 반드시 가치 있는 목표를 달성하도록 한다. 그래서 나는 실행 의도를 과학적으로 입증할 때, 타임박싱 방법을 실행 의도라는 개념과 결합한다. 타임박스가 배치된 디지털 일정표는 현대의 지식 노동자가 목표를 달성하는 데 적합한 디지털 자극(여러 장치에서 동기화된 일정표)이 된다.

그렇다면 실행 의도에 대한 증거도 있을까? 물론이다. 여러 독립적인 연구(골위처의 논문에서 참조한)들이 실행 의도의 통합으로 결과가 급격하게 개선되는 것을 보여준다.

☐ 한 연구에서는 대학생들에게 겨울 방학 동안 마치고 싶은 프로젝트에 대해 질문했다. 어려운 프로젝트의 경우, 실행 의도를 정한 참가자들의 67퍼센트가 성공한 반면, 그렇지 않은 참가자들의 성공률은 25퍼센트에 불과했다.

☐ 또 다른 학생 대상 연구에서는 참가자들에게 크리스마스이브를 어떻게 보냈는지에 대한 보고서를 작성하도록 요청했다. 절반은 설문지에 48시간 이내에 보고서를 언제 어디서 작성할 것인지를 기재하라는(달리 말하면 타임박싱을 하도록) 요청을 받았고, 나머지 절반은 그렇지 않았다. 그 작업의 타임박스를 정하라는 지시를 받은 응답자의 75퍼센트가 보고서를 보낸 반면, 타임박싱에 대한 지시를 받지 않은 응답자는 33퍼센트만이 보고서를 제출했다. 이는 단순히 타임박싱을 요청하는 것만으로도 큰 효과가 있음을 보여준다. 완전한 타임박싱(타임박스를 직접 선택하고 계획하는)의 효과는 훨씬 더 클 수밖에 없다.

☐ 전혀 다른 분야의 한 연구는 다음 달 중에 유방 자가 검진BSE을 받겠다는 목표를 세운 여성들을 대상으로 했다. 스스로 실행 의도를 정한 참가자는 100퍼센트 유방 자가 검진을 실천한 반면, 실행 의도를 정하지 않은 참가자의 실천율은 53퍼

센트에 불과했다.

□ 훨씬 위험한 인구군(금단 증세를 겪는 약물 중독자, 조현병 환자, 전두엽 손상 환자) 중에서도 그와 비슷한 결과를 발견할 수 있었다. 실행 의도를 정함으로써 회복률이 눈에 띄게 개선된 것이다.

□ 2023년의 한 연구는[11] 실행 의도가 자해에 취약한 사람들이 자해 행동을 줄이는 데 효과적이라는 결론을 내렸다. 따라서 실행 의도는 특정한 위기 상황에서 자해를 줄이기 위한 유용한 개입이 될 수 있다.

이들 연구는 단순히 타임박싱의 효과를 입증할 뿐 아니라 그 효과를 정량화한다. 실행 의도와 이를 달성할 시간을 정해두면 생산성은 약 2.5배 향상된다고 말이다. 이처럼 여러 가지 독립적인 과학적 증거들이 뒷받침하는 시간 관리 기법은 찾기 힘들다.

당신은 이미 하고 있다

이전 장에서 우리 대부분이 정도는 다르되 이미 예정된 약속을 일정표에 써 가면서 타임박싱을 실천하고 있다고 이야기했다. 1장에서 보았듯이 이는 우리가 타임박싱의 실천을 자연스럽게 받아들일 수 있다는 의미다. 또한 타임박싱이 효과가 있다는 것도 보여준다. 우리는 시작과 끝이 정해져 있는 회의 일정을 정하고 특정 시간대에 배치하며 다른 사람들은 자신들이 그렇게 정한 회의에 우리를 초대한다. 또한 많은 사람들이 일을 완수하기 위해 헤드폰을 끼거나, 산책을 하거나, 노트북을 들고 다른 환경으로 이동하기도 하는 식의 전략을 사용하면서 자기 작업을 위한 시간을 마련한다.

따라서 의식적으로 사용하거나, 많이 사용하거나, 최적으로 사용하는 것은 아닐지라도, 우리는 틀림없이 타임박싱의 방향으로 향하고 있다. 특정 시간에 특정 방식으로 행동하기로(종종 다른 사람들과 함께) 선택하는 관행은 인간이 직장 안팎에서 삶을 살아가는 방식의 근본이기 때문에 절대 빠져나올 수가 없다. 효과가 없다면 모두가 타임박싱을 하고 있지는 않을 것이다. 타임박싱은 분명 효과적이다. 다만 진정으로 주도적인 타임박싱이어야만 자제력을 발휘하고 평온한 마음에 이를 수 있다.

타인이 타임박싱을 해주는 일을 중심으로 구축된 산업도 존재한다. 매일 수십만 명(수백만까지는 아닐지라도)의 비서들이 바쁜 관리자 대신 타임박싱을 한다.[12] 모든 중역 비서 역할의 중심은 일정표를 정리하고 관리하며, 약속을 잡고, 관리자의 회의를 준비한다. 지식 노동이 세상을 잠식한 지난 수십 년 동안 비즈니스 세계에서는 이런 방식의 지원이 일반적인 관행이었다. 실제로 가치 있는 활동이 아니라면 수십만의 사람들(그리고 지금은 인공 지능 에이전트까지) 상사를 위해 계속 이런 일을 하고 있을까?

최고의 생산성 전문가들이 추천

도입 부분에서 보았듯이, 많은 거물급 생산성 전문가들이 타임
박싱을 언급하고 있으며, 최고의 생산성 전문가 여러 명이 드러내
강조하지는 않지만 이 방법을 옹호하고 있다(다만 다른 이름을 사용
한다).

지난 몇 년 동안 빅테크Big Tech는 이런 추세를 발견하고 거기에
뛰어들었다. 구글은 타임 인사이트Time Insights 기능을 통해 사용자
가 시간을 어떻게 보내고 있는지 정확하게 보여준다. 마이크로소
프트의 비바 인사이트Viva Insights 역시 생산성 향상과 건강 증진을
위해 사용자가 근무 시간 동안 시간을 어떻게 배분하고 있는지를
다양한 관점에서 보여준다. 초대형 기술 기업들만이 아니다. 여러
소규모 플랫폼과 스타트업이 이 기회를 알아보고 활용하고 있다
(더 자세한 사항은 23장 참조).

내가 경영하는 회사, 필터드Filtered에서 실시한 생산성 팁에 대
한 메타 연구meta study(기존 문헌에 대한 연구-옮긴이)[13]와 하버드 비
즈니스에서 실시한 연구에서 타임박싱이 전문가들이 추천하는 생
산성 도구 1위를 차지했다.

목록에 있는 많은 항목들이 타임박싱과 관련 있다는 데 주목하라. 몇 개나 찾을 수 있는가?

10년간 실천한 증언

내가 보증한다. 나는 좋은 방법이 전혀 없던 상태에서, 할 일 목록과 일일 작업 계획을 거쳐 마지막으로 가장 만족스러운 타임박싱으로 진화해 10년 동안 타임박싱을 실천해왔다.

10년간의 집중적인 연습이었다. 평균적으로 나는 주중에 15개, 주말엔 5개의 타임박스를 만든다. 이것을 모두 더하면 44,000개의 타임박스를 만든 셈이다. 이는 특정한 작업/업무/활동이 특정한 시간에 적절하게 44,000번의 결정을 했다는 뜻이다. 그리고 나는 그 대부분을 완수했다. 타임박싱이 나에게 맞는지 충분히 판단할 만큼의 연습과 경험이 있었던 셈이다. 확실히 나와 잘 맞았고 효과가 있었다. 과거의 나는 다가올 하루에 대해서 확신이 없었다. 그저 일어나는 일을 수동적으로 받아들이고 있었을 뿐이다. 하지만 이제는 타임박싱 덕분에 하루하루를 내가 만들어가는 느낌이다. 되돌아볼 때에도 긍정적인 감정을 얻을 수 있다. 타임박싱을 실천한 시간을 보낸 후에는 작업을 완수했다는 측면과 계획이 성공했다는 측면, 이렇게 양쪽으로 행복감을 느낀다.

나는 타임박싱을 실천하면서 동시에 다른 생산성 향상 방법을 실행하는 경우가 많다. 나는 할 일 목록을 활성 상태로 유지하다(그리고 계속 등장하는 '할 일 목록 파괴'의 목소리에 반대한다. 더 자세한 사항은 10장 참조). 나는 내 에너지 수준을 관찰해 내가 업무 초반에 생산성이 훨씬 높다는 것을 발견했다. 창의성이나 지적 능력을 많이 요하는 작업에서는 특히 더 그랬다. 또한 80/20 법칙(대부분의 효과는 얼마 되지 않는 원인에서 비롯된다—20퍼센트의 작가가 도서 판매량의 80퍼센트를 차지한다—는 이 원칙은 파레토 법칙Pareto's Principle이라고도 불린다)과 파킨슨의 법칙Parkinson's Law(업무는 정해진 완료 시간을 채우기 위해 계속 늘어진다. 짧은 단락 하나를 쓰는 데 2시간을 할애한다면 당신은 그 시간을 모두 쓰게 된다)에 대해서 들은 후로는 이들에 영향도 받았다. 이 모든 방법이 타임박싱과 꼭 맞물린다는 사실이 계속해야겠다는 결심을 굳히게 만들었다.

나를 대단히 체계적이라고, 당황스러울 정도로 계획적인 사람이라고 생각하는 사람들도 있다(어떤 사람은 일하는 동안 연이어 타임박스를 이어가는 모습을 잠깐 보고는 짜증스러운 표정으로 못 믿겠다는 듯이 이렇게 질문한다. "어떻게 그런 식으로 살죠?"). 그럴지도 모르겠다. 하지만 당황스러울 정도로 계획적인 사람도 태어날 때부터 그런 것은 아니다. 그들은 자신에게 맞는 자기 관리 체계를 발전시키고 가다듬어 온 것이다. 그리고 그 시스템은 타임박싱인 경우가 대단히 많다(당신이 생각하거나 아는 것보다 많다).

지난 10년 동안 나는 많은 동료, 클라이언트, 친구들과 심지어는 낯선 사람과도 타임박싱에 대해 이야기를 나눴다. 나는 이 실천에 깊은 신뢰를 갖고 있지만, 반대도 언제든 열린 마음으로 받아들인다. 하지만 설득력 있는 반대는 접해본 적이 없다. 내 생각에 가장 설득력 있는 반대는 타임박싱이 적합하지 않은 상황들이 있다는 것이다. 나는 이것을 인정하고 받아들인다(24장 참조). 나는 타임박싱이 시간의 시험을 견뎠다고 생각한다.

내가 이 책을 쓰기 시작한 것은 아주 최근이다. 출판사에서 연락을 했을 때 집안일과 바쁜 사업으로 나는 이미 할 일이 대단히 많았다. 다른 대규모 프로젝트를 삶에 끼워 넣는 유일한 방법은 더 신중하고 능란하게 타임박싱을 하는 것뿐이었다. 실제로 여기 책들에 적힌 세부적인 사항들은 그에 대해 쓰면서 다듬은 것으로, 이야기 속에서 성장한 또 다른 이야기다.

■ ☐ ☐ ☐

당신도 확신을 갖게 되기를 희망한다. 완전한 확신은 자신의 일정표를 행사/실행 의도/타임박스로 채우기 시작해야만 얻을 수 있다. 시작 부분의 두 개 장에서는 우리가 직면한 문제, 타임박싱이 제시하는 해결책, 타임박싱이 효과가 있다는 증거를 설명했다. 다음 여섯 개 장에서는 과거-현재-미래 프레임에 따라 이 방법의 가장 중요한 이점들을 살펴보기로 하자.

☑ 정리하기

□ 여러 출처에서 타임박싱이 효과가 있다는 증거를 얻을 수 있다.

□ 타임박싱은 실행 의도(X라는 상황이 발생하면 나는 Y라는 대응을 할거야)의 한 형태로, 많은 과학적 증거가 존재하는 방법이다.

□ 정도의 차이는 있지만 모두가 타임박싱을 실행하고 있다.

□ 다양한 의제를 다루는 많은 생산성 전문가들이 타임박싱의 효과에 의견을 같이 하고 있다.

🕐 생각하기

□ 중요한 문제에 대한 생각을 바꾸게 한 증거가 제시되었던 상황을 떠올려보라. 당신은 어떤 점에 설득되었는가?

□ 지금 실행 의도를 정해보라.

□ 이번 장에서는 타임박싱이 효과가 있다는 여러 유형의 증거가 제시되었다. 가장 설득력이 있는 것은 무엇이었나? 그 이유는 무엇인가?

03:00

기억을
기록한다

핵심어: 검색 내역

일지

기록

기억

검색

반성

성장

자기 이해 self-knowledge

자기 인식 self-awareness

글자 수: 4,068
독서 시간: 7분

인지 심리학에 따르면, 도움을 받지 않는 인간은
체계적인 통계보다는 생생한 일화에 대한
기억에 의존하기 때문에 오류와 오해에 취약하다.
— 스티븐 핑커Steven Pinker(하버드 대학교 교수이자 심리학자)

타임박스의 첫 번째 이점은 과거, 즉 당신의 과거에 관한 것이다. 인터넷이 출현한 이래, 우리의 일상은 검색 내역과 소셜 미디어 게시물의 형태로 기록되었다. 안타깝게도 이런 기록의 최대 수혜자는 당신이 아닌 알파벳(구글), 아마존, 애플, 메타(페이스북), 마이크로소프트와 같은 빅테크들이다. 타임박싱은 당신이 개인적으로 유용하게 활용할 수 있는 기록을 만들 수 있게 해준다.

타임박싱으로 만들어진 일정표는 하루 중 많은 시간, 어쩌면 대부분의 시간 동안 무엇을 했는지를 보여주는 일지다. 링컨의 게티스버그 연설문에서처럼 당신의, 당신에 의한, 당신을 위한 것이다. 이것은 여러 가지 면에서 귀중한 정보가 될 수 있다.

기억을 관리한다

지난 화요일 오후에 무엇을 하고 있었나? 자주 만나지 못하는 오랜 친구와 마지막으로 이야기를 나눈 때는 언제인가? 주간 팀 회의는 언제 있었나? 유망한 잠재 고객을 만난 지 얼마나 되었나?

우리는 자신이 한 일을 놀라울 정도로 빠르게 잊어버린다. 어제나 지난주는 말할 것도 없고, 오늘 아침에 뭘 했는지 기억하지 못하는 사람도 많다. 우리 삶에 기억해야 하는 것들이 너무나 많아 떠올릴 수 있는 정신적 능력이 거의 남아 있지 않은 탓이다.

타임박싱이 이런 상황의 해법이 된다. 타임박싱은 당신이 기록하기로 선택한 만큼 당신이 한 일을 검색할 수 있는 일지다. 내 경우, 지난 10년 동안 깨어 있던 시간의 대부분에 대한 정보를 검색할 수 있다. 특정 정보(이름, 전화번호, 내가 이렇게 했었나 저렇게 했었나 등)나 관련 타임박스를 보면 과거의 사건이나 활동에 대한 풍성한 기억을 떠올릴 수 있다. 어느 쪽이든, 바로 참조할 수 있는 타임박스 형식의 일지를 유용하게 이용할 수 있는 것이다.

그런 정보는 방어 모드에 있을 때 특히 요긴하다. 직장에서 어려운 상황이 발생해 언제 무엇을 했는지 보여주어야 한다고 가정해보라. 모든 관련 항목이 포함된 타임박싱 일정표가 있다면 바로 확실한 대응이 가능하다.

기록은 건강 관리에도 도움이 된다. 언제 넘어졌는지, 언제 처음

약을 복용하기 시작했는지, 병원에 마지막으로 간 것이 언제인지 아는 것은 건강 관리에 유용할 뿐 아니라 특정한 조건에서라면 생명을 구할 수도 있다. 사건, 사고, 약속은 일정표에 표시해 두는 것이 좋다.

타임박싱 일지는 긍정적인 보상을 줄 가능성이 대단히 높다. 한 가지 예를 들어보자. 한동안 만나지 못했던 사람과 회의가 잡혀 있다. 그 사람과 지난번 회의를 했을 때 손으로 작성한 메모가 있다면 유용할 텐데 회의를 어디에서 했는지 기억이 나지 않아 메모를 찾을 수가 없다. 타임박싱 일정표를 사용하면 간단한 이름이나 이메일 검색을 통해 회의를 언제 했는지 찾아서 노트에 있는 항목을 정확히 찾아낼 수 있다.

검색 기능을 크게 향상시킬 수 있는 방법이 있다. 타임박스의 제목과 설명에 사용하는 단어를 일관적으로 사용하면(해시태그 규칙을 따를 수도 있다) 일정표에서 간단한 검색을 통해 #영업, #가족,

타임박싱을 하지 않은 주: 회의만 표시되어 있다

타임박싱을 한 주: 귀중한 기억의 보고

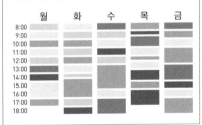

#명상, #일대일 대화 등을 언제, 얼마나 자주 했는지 쉽게 알 수 있다. 이에 대한 더 자세한 내용은 11장을 참고하라.

동기 부여가 된다

타임박싱은 당신이 한 일, 당신의 성취에 대한 기록이다. 이로써 더 많은 일을 할 수 있는 동기 부여가 된다. 어떤 사람들은 일정표의 항목을 완료하면 체크 표시(✅)를 덧붙인다. 그에 의해 분비되는 도파민으로 보람을 느끼며 다시 작업을 성취하고 싶은 동기가 생긴다. 이런 긍정적인 경험은 사후에 타임박스(오전 9시부터 9시 30분까지 이 일을 했고, 오전 10시부터 11시까지 저 일을 했다 등)를 만드는 것이 가치 있는 일(검색 가능한 일지의 역할을 하게 한다)임을 깨닫게 한다. 여러 생산성 전문가들이 '완료 목록'을 관리하는 일의 장점을 극찬한다. 타임박싱도 그런 기능을 한다. 기록을 남기고 이를 통해 성과를 측정하는 그 순간 우리는 즉각적인 보상을 얻고, 그렇게 분비된 도파민은 다시 그 일을 하도록 우리를 자극하는 동인이 된다(물론 그 외에 작업을 완성하는 것이 가져오는 더 크고 장기적인 혜택도 있다).

타임박싱에 대해 굳은 신념을 가진 사람들의 좌우명은 "일정표에 없는 것은 존재하지 않는 것이다", 즉 타임박싱에 있지 않는 한,

그 활동은 미래에 일어날 가능성이 매우 낮다는 것이다. 나는 이 말이 극단적이긴 하지만 설득력이 있다고 생각한다. 이 논리는 과거에도 적용된다. 어떤 사건이 기록되지 않았다면(예를 들어 디지털 일정표), 그 사건은 정말 일어난 사건일까? 철학에 대해 어떻게 이해하고 있든[14] 기록하지도 기억하지도 못하는 사건은 누군가에게 유용한 방식으로 존재하거나 일어난 일이라고 할 수 없다.

동기를 부여한다는 측면에서 본다면, 잘 기록된 삶에 더 나은 기분을 느낄 수 있다는 것도 장점이 된다. 특히 물리학자이자 철학자인 숀 캐롤Sean Carroll은 기억을 많이 쌓을수록 더 긴 시간이 흐른 것같이 느껴진다는 주장을 했다.[15] 활동만이 아닌 추억까지 가득 찬 삶은 우리에게 더 온전하고 풍성하고 가치 있는 모험처럼 느껴질 것이다.

자기 계발이 된다

타임박싱 일정표는 삶을 어떻게 살아왔는지 되돌아보는 데 유용하다. 다음과 같이 잠재적으로 중요한 성찰적 질문에 답을 찾는 데 도움이 된다.

☐ 중요한 결정을 내렸던 날 내가 생각하고 있던 다른 것들은

무엇인가?

- ☐ 그동안 지나치게 열심히 일을 한 것은 아닌가?
- ☐ 내 인생의 XYZ라는 측면에 충분한 시간을 투자했나?
- ☐ 좋은 습관은 어떤 것이며 고쳐야 할 나쁜 습관은 무엇인가?
- ☐ 나 자신을 위한 시간은 어떻게, 얼마나 자주 갖는가?
- ☐ 최근 가장 자랑스러웠던 순간은 언제인가?
- ☐ 배우자(연인, 가족, 친구)에게 충분한 관심을 기울이고 있나?

지난 12개월 동안 성취한 모든 성과를 평가하며 작성하는 매년의 그날만큼 타임박스에 애정이 생기는 날은 없을 것이다. 관련 상자에 해시태그 #검토(예)를 포함시키는 간단한 작업으로 삶은 헤아릴 수 없이 편해지며 중요한 성과를 잊는 일을 막을 수 있다.

물론 일정표의 타임박스에 기록되는 내용 대부분은 일상적이고 지루한 것이겠지만(미래의 자신에게 보내는 메모, 농담, 매력적인 제목 등 활기를 불어넣는 방법을 생각해보라), "긴 세월이 흐르면 따분한 것도 빛을 발하기 시작한다"는 소설가 이언 매큐언Ian McEwan의 말처럼 평범한 것에도 가치가 있다.[16]

경제적이다

당신은 이미 다른 기록을 보관하고 있을 수도 있다. 일기[17], 불렛 저널링bullet journaling(체계적인 기록을 위해 다양한 글머리 기호를 사용하는 일지 작성법-옮긴이), 메모, 이메일 등 다양한 활동 기록 방식이 존재한다. 하지만 타임박싱은 특히 경제적이다. 기본적인 타임박스를 만드는 데에는 몇 초밖에 걸리지 않는다. 거의 모든 사람들이 이미 디지털 일정표를 사용하고 있기 때문에 빠를 뿐만 아니라 손쉬운 방법이기도 하다.

■ □ □ □

언제 무엇을 했는지에 대한 개인적 기록은 유용하고 현실과의 연결에 도움이 되며, 자신과 타인에 대한 통찰력을 제공한다. 사적이고 은밀한 기록이므로 자신의 목적에 맞게 기록하고 남이 쉽게 볼 수 없도록 보관해야 한다.

☑️ 정리하기

□ 타임박싱은 사용자가 한 작업에 대한 검색 가능한 기록을 만든다.

□ 타임박싱은 다음의 용도로 사용할 수 있다.

- 정보를 검색하고 기억을 되짚을 때
- 신용을 쌓고 인내심을 갖도록 동기를 부여할 때
- 반성하고 성장하고 싶을 때

⏱️ 생각하기

□ 이번 장의 성찰적 질문 중 자신과 특히 관련성이 높은 것을 고른다. 자신에 대한 새로운 사실을 발견할 수 있는지 확인한다.

□ 직장에서 특정 날에 어떤 일이 일어났는지 알 수 있는 수단이 있었으면 하는 생각을 한 적이 있는가? 있다면 무엇이었나?

□ 어제 이 시간에 무엇을 하고 있었나? 눈을 감고 아무 도움 없이 기억하려고 노력해보자. 이 구체적인 정보를 끄집어내려고 할 때 어떤 생각이 드는지에 주목하자.

□ 지난주 이 시간에는 무엇을 하고 있었나? 역시 눈을 감고 아무 도움 없이 기억하려고 노력해보자. 또 한 번 이 구체적인 정보를 끄집어내려고 할 때 어떤 생각이 드는지에 주목하자.

04:00

정신적 안정을 찾는다

핵심어: 스트레스

불안

부담

고통

주체성

통제

만족

행복

정신 건강

안식처

글자 수: 4,410

독서 시간: 7분

나는 나만의 안식처며 나는 평생 내가 선택한 대로
얼마든지 다시 태어날 수 있다.
— 레이디 가가Lady GaGa(가수)

타임박싱으로 스트레스는 덜 느끼고, 통제감은 강해지는 것을
경험할 수 있다. 해방감도 준다. 이번 장에서는 내가 타임박싱의
가장 큰 장점이라고 보는 것에 대해 이야기하려 한다. 내가 생산성
향상 측면보다 더 큰 이점을 발견한 것은 정신 건강 측면이다. 이
번 장은 타임박싱의 정서적 이점과 심리적 이점을 이야기한다.

현대의 지식 근로자들이 불안과 부담에 시달리고 있다는 것은
모두가 동의하는 사실이다. 통계 역시 이를 뒷받침한다. 성인 노동
인구의 15퍼센트가 정신 장애를 앓고 있는 것으로 추정되며, 전
세계적으로 우울증과 불안 때문에 매년 120억 근무일이 손실되고
있고, 이로 인한 생산성 손실은 1조 달러에 달한다.[18]

타임박싱은 일상의 혼란과 우리가 할 수 있는 수많은 다른 일들

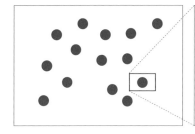

타임박싱을 하지 않을 때의 집중력   타임박싱을 할 때의 집중력

중에서 언제든 하나의 활동으로 돌아가도록 이끌어 집중력을 유지하고 중심을 지키게 한다. 타임박싱 일정표는 방해 요소(특히 수신되는 커뮤니케이션)가 아무리 많은 상황에서도 우선순위에 올려놓은 일이 그 시간에 해야 할 일의 전부라는 확신과 안도감을 주는 안식처가 된다.

고통이 감소한다

당신은 완벽주의자인가? 일을 미루는 사람인가? 남의 비위를 맞추는 사람인가? 멀티태스커인가? 걱정이 많은 사람인가? 각기 다른 시간에 여러 개의 모습을 보여주는 사람도 있다. 거의 모든 사람이 그렇고, 나 역시 그렇다. 모든 방대한 기술과 끊어지지 않는 상호 연결성이 함께하는 현대에는 이런 종류의 성격과 성향이 나타날 수밖에 없다. 안타깝게도 이 모든 경향은 고통으로 이어진다. 다행히 타임박싱은 우리를 다른 곳으로 안내한다.

완벽주의자들은 불가능을 달성하기 위해 노력하며, 끊임없이 수정과 반복을 이어가면서도 만족하지 못해 당장의 작업이 끝난 일이라고 선을 긋지 못한다. 따라서 마감일을 놓치고 연장을 요청하곤 한다. 자신의 작업을 가혹하게 평가하고 다른 사람으로부터 비슷한 평가만을 받아들이기 때문에 만족감을 느끼기 힘들다. 타임박싱은 타임박스의 윤곽선으로 작업에 선을 긋고, 특정 시점에는 결과를 전달, 전송, 공유, 출시해야 한다고 강제함으로써 완벽주의자를 구제한다(17장 참조).

미루는 사람은 마지막 순간까지 작업을 연기한다. 그것이 부정적 결과를 초래할 수 있다는 사실을 알면서도 말이다. 이는 보통 낮은 품질의 결과물로 이어진다. 또한 우울증, 불안, 낮은 자존감으로도 연결된다.[19] 타임박싱은 미루는 사람들이 생산성을 높이고 미리 약속한 시간에 일찍 업무를 시작하는 데 도움을 줄 수 있다. 동기 부여를 과학적으로 연구하는 피어스 스틸Piers Steel 박사는 사전 약속과 환경 통제(타임박싱의 두 가지 핵심 요소)를 통해 미루는 사람의 저주를 끊을 수 있다고 주장한다.

사람들의 눈치를 보고 비위를 맞추는 사람들은 친구, 동료, 가족, 심지어 낯선 사람에게 순간의 만족감을 주기 위해 과한 약속을 한다. 하지만 얼마 지나지 않아 그들은 비현실적으로 늘어난 업무 때문에 고통을 겪는다. 그렇게 오래지 않아 동료들의 불만과 실망에 맞닥뜨린다. 타임박싱은 이런 사람들이 여유가 있는 때가 언제인지 명백히 보여주는 데이터를 제공해 타당한 이유로 적절한 때에 상대의 요청을 거절하도록 돕는다. 일정표를 이미 공유하고 있는 (그리고 바쁜) 상황이라면 요청 자체를 미연에 막을 수 있다.

멀티태스커는 한 번에 둘 이상의 일을 함으로써 더 많은 일을 해내려 한다. 하지만 멀티태스킹은 가능한 경우가 드물다. 멀티태스킹은 업무 성과와 반비례할 뿐 아니라,[20] 여러 연구가 멀티태스킹이 긍정적인 느낌을 줄인다는 것을 보여주고 있다. 열쇠를 찾다가 읽으려 했던 책에 정신을 빼앗긴다. 누군가에게 이메일을 보내려는데 그와는 관계가 없는 성가신 이메일이 눈에 들어온다. 아이에게 《나니아 연대기》를 읽어주려는데 스마트폰 알림이 당신을 그 세계에서 끌어낸다. 이런 일들이 항상 일어난다. 멀티태스킹 방지 조치들(예: 이메일 일괄 처리-받은 편지함에서 작업을 하는 전용 시간 지정)은 행복감을 개선하는 것으로 나타났다.[21] 한 번에 하나의 작업만을 하는 타임박싱은 이런 나쁜 습관을 피할 수 있는 좋은 방법이다. 멀티태스킹에 대한 상세한 내용은 18장을 참조하라.

걱정이 많은 사람들은 말 그대로 걱정과 고통 속에 산다. 걱정은 생산적인 경우에도(그런 경우가 꽤 있다), 직업적으로나 사회적으로 정신 건강에 많은 복잡하고 부정적인 영향을 준다. 타임박싱이 특효약이라고 말하는 것은 아니다. 이런 문제를 가진 사람 중 일부는 걱정만 하는 시간을 따로 정해두는 데에서 위안을 얻을 수 있다는 이야기를 하고 싶을 뿐이다.[22] 어떤 문제에 대해 깊이 생각하는 시간을 따로 정해두면 이런 구분을 통해 걱정에서 해방되고 그 외의 시간 동안은 다른 일을 잘해낼 수 있는 자유를 얻게 된다. 타임박싱은 무기력할 때 긍정적인 방향으로 작은 한 걸음을 내딛을 수 있는 대단히 실용적인 방법이기도 하다.

나만의 주체성을 키운다

주체성은 자신의 행동과 그 결과를 통제할 수 있다는 느낌이다. 고대와 현대의 많은 지혜는 더 큰 영향력을 행사하려 하거나 실패했을 때 실망감을 느끼기보다는 우리가 통제할 수 있는 것에 집중하는 것을 중심으로 한다. 타임박싱은 이 지침을 적용하는 실용적인 수단이다.

감정으로서의 주체성은 정량화하거나 측정하기가 어렵지만 불가능하지는 않다. 33개 유럽 국가의 3만 6,000명을 대상으로 한 연구는 "사회적 조건을 향상시키는 선택과 기회 그리고 개인의 인지된 자율성은 삶의 만족도와 긍정적인 관련성이 있다"고 결론지었다.[23] 타당한 이야기다. 적자생존을 기반으로 진화해온 우리 인간은 생존과 번영을 위해 환경의 통제를 원하도록 프로그램되어 있다. 직관적으로 생각해도 타당하다. 통제력을 느낄 때 더 행복하고, 그렇지 못할 때는 행복감이 떨어진다. 제프 베이조스Jeff Bezos는 이렇게 말했다. "스트레스는 주로 자신이 통제할 수 있는 일에 대해 행동을 취하지 못했을 때 발생한다."[24] 주체성이 커지면 행복감이 커지며, 우리에게는 행복을 추구해야 할 의무가 있다.

타임박싱은 다른 사람의 계획에서 벗어나 자신의 계획에 집중하게 해준다. 받은 편지함은 다른 사람들이 당신에게 부과하기로 결정한 요청과 정보의 목록이다. 초대받은 회의는 다른 사람들의 아이디어, 포부, 계획을 논의하는 자리다. 매일 받는 수십 개의 알림은 외부 에이전트(사람이든 자동화된 것이든)의 침입이다. 어느 것도 당신의 계획은 아니다. 당신의 계획과 일치하는 것도 있을 것이다. 하지만 의도적으로 만들어진 것은 아니다. 오직 당신만이 자신의 길을 개척할 수 있으며, 타임박싱은 이를 달성하는 데 가장 효과적이다. 당신이 남기는 궤적이 남의 명령과 요청에 따라 산 것이 되길 바라는가? 자신이 선택한 시간에 자신에게 중요한 일을 하기로 선택해야 그것이 자신의 명령과 요청이 되고, 주체성을 높이는 일이 된다.

타임박싱은 올바른 주체성을 제공한다. 자신이 무엇을 할지는 자신이 선택해야 한다. 또한 그런 선택은 적합한 상태에서 이루어져야 한다. 하루의 폭풍이 몰아치기 전 차분한 상태에서, 냉정을 잃지 않고 구속이 없는 최선의 상태에서, 올바른 생각이 이루어진 행동이어야 더 크고 더 나은 통제감을 느낄 수 있다.

자유를 찾는다

타임박싱은 자유를 준다. 스트레스를 줄이는 것도 주체성을 높이는 것도 중요하지만, 이 두 가지만으로는 타임박싱의 이점을 다 설명할 수 없다. 타임박싱은 변혁을 불러올 수 있다. 한 가지에만 "예"라고 말한다는 것은 곧 수천 가지에 대해 "아니오"라고 말하는 것이다. 이것만으로도 엄청난 부담을 덜어낼 수 있다. 이를 깨닫고 그 가치를 알아본다면 큰 깨달음과 자유를 얻을 수 있다.

타임박싱을 삶의 지침으로 삼고 실천할 수도 있다. 타임박싱은 머리가 맑을 때 이루어진 생각이기에 신뢰할 수 있는 (자신의)목소리다. 그 목소리는 매 순간에 무엇을 해야 하는지 상기시키며 당신을 안심하게 한다. 물론 그 목소리에서 멀어지고 주의가 산만해지는 때도 종종 있다. 하지만 당신은 그 목소리가 어디에 있는지 알고 있다. 클릭 한 번이면 그 목소리에 닿을 수 있다. 때문에 필요하면 언제든 그 목소리로 다시 돌아올 수 있다. 그 목소리는 삶을 이끄는 실천적 지침이다. 당신이 그것을 좇고 거기에 귀를 기울이기로 선택하기만 한다면 그 지침과 평생 함께할 수 있다.

☑ 정리하기

□ 타임박싱은 개인의 생산성을 높일 뿐 아니라 정신 건강에도 도움이 된다.

□ 타임박싱을 통해 다른 사람의 요청에 따르기보다 정확하게 자신이 하고 싶은 일을 선택할 수 있다.

□ 한 번에 한 가지 일에만 "예스"라고 말하고 다른 모든 일은 "아니오"라고 말하는 경험은 엄청난 해방감을 준다.

⏱ 생각하기

□ 정신적으로 안정을 찾는 것과 좋은 성과를 내는 것 중 무엇이 더 중요한가?

□ 스트레스를 가장 많이 받을 때는 언제인가? 그런 상황의 특징 몇 가지를 적는다. 한 번에 여러 가지 일이 동시에 일어나는 경우가 많은가?

05:00

더 똑똑하게 생각한다

핵심어: 몰입

능력

명확성

마음의 준비

식견, 두뇌의 힘

딥 워크deep work(칼 뉴포트Cal

Newport가 만들어낸 용어로 인

지 능력을 한계까지 밀어붙이

는 완전한 집중의 상태를 의미

한다-옮긴이)

글자 수: 5,153

독서 시간: 8분

내 두뇌가 보통 사람들의 것
그 이상이라는 것은 시간이 입증해줄 것이다.
— 에이다 러브레이스Ada Lovelace(세계 최초의 컴퓨터 프로그래머)

좋든 나쁘든, 인류가 지구를 지배할 수 있었던 것은 두뇌의 힘 덕분이다. 인간은 호모 사피엔스Homo sapiens라는 이름이 있다. 현대에는 지식 노동자나 의사 결정권자로 생계를 유지하는 사람들이 십억 명에 이른다. 지난 몇 년 동안《스마트 싱킹Smart Thinking》(독자들이 사고 과정을 개선하고 사생활과 직업적 생활에서 보다 현명하고 정보에 입각한 결정을 내릴 수 있도록 돕기 위한 목적의 책)은 도서의 한 장르로 확고하게 자리를 잡았다. 우리는 사고를 진지하게 받아들이고 이 큰 선물을 최대한 활용해야 한다.

이번 장에서는 더 열심히 생각하고 일하고 생활하기보다는, 더 똑똑하게 생각하고 일하고 생활하는 데 타임박싱이 어떤 도움을 주는지 설명한다. 입력의 양보다는 결과물의 질을 높이는 방법에 대해 설명하는 것이다. 7장에서는 그 방법이 어째서 더 많은 것을 성취하는 데 도움이 되는지 알아본다.

사고는 누구나 바로 접근할 수 있지만 분명하게 정의하기는 어려운 인간 활동 중 하나다. 이 주제를 다루는 책과 연구하는 사람은 수없이 많기 때문에 여기에서는 한 가지 차이점만 구분하고 그 격차를 해소하는 방법을 제안할 생각이다. 한편에는 인지적인 면에서 부담이 큰 활동cognitively demanding activity이 있고, 다른 한편에는 사고thinking가 있다. 코딩, 글쓰기, 디자인, 편집, 검토 등 인지적 부담이 큰 작업은 다소 구체적이며 명시적이고 의도적인 결과물을 만들어내는 경향이 있다. 그러나 사고는 보다 산만하고 일반적이며 비판적 사고, 디자인적 사고design thinking(시스템적 사고와 반대로 변수의 가능성을 최대화하고 다양성을 허용하는 사고-옮긴이), 문제 해결, 분석적 사고, 전략적 사고 및 의사 결정을 포함하되 이에 제한되지 않는 다양성을 갖추고 있다. 하지만 나는 이번 장과 이 책의 목적에 맞춰 두 가지 유형의 정신 활동 모두가 중요하고 바람직하다고 가정하고 타임박싱이 각각에 도움이 된다고 주장할 것이다.

씨 뿌리기

수확은 그냥 일어나는 일이 아니다. 우리가 마련해둔 정해진 시간 안에, 즉 우리의 타임박스 안에서 작업에 필요한 모든 창의적 불꽃, 상상력, 영감이 나타날 것이라고 기대할 수는 없다. 특히 창의적이고 어려운 작업의 경우, 소매를 걷어붙이고 자리에 앉아 작업에 착수하기 전에 잠재의식과 의식이 잘 움직이도록 준비해 확률을 높여야 한다. 우리는 주제와 관련된 정보, 사실, 흩어져 있는 생각, 기억, 메모 등을 한데 모아 살펴본 뒤, 긴장을 풀고 잠재의식이 원하는 대로 할 수 있도록 놓아두는 식으로 마음의 준비를 할 수 있고, 또 그렇게 해야 한다.

목요일 아침에 사업 계획서를 작성해야 한다고 가정해보자. 화요일 오후에 30분 길이의 타임박스를 만들어 현재 가지고 있는 정보(현재의 초안, 메모, 상사의 지시, 사무실에서 조사한 내용, 회사의 사업 계획서 서식, 지난달에 동료가 작성해 칭찬받았던 사업 계획서, 생성형 AI

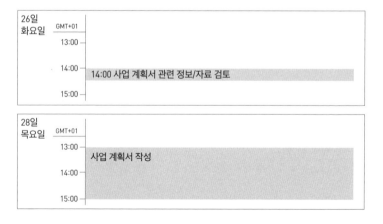

가 작성한 사업 계획서)를 검토해야 한다. 이후 머리가 모든 것을 더 잘 이해할 수 있도록 36시간의 시간을 주고 그 사이 잠도(이 경우에는 두 번) 자야 한다. 이렇게 한다면 목요일 아침에는 훨씬 더 나은 사업 계획서를 더 빨리 작성할 수 있다.

타임박싱은 회의 중에도 우리를 더 똑똑하게 만들어준다. 회의는 우리 시간의 약 1/5을[25] 차지한다. 좋든 싫든 회의가 사라지는 일은 없을 테니 회의에서 능력을 더 발휘할 방법을 찾아야 한다. 예를 들어 매일 아침 회의 준비Meetings Prep 타임박스를 배치해 (15~30분 정도의 시간 동안 그날 있는 몇 개의 회의를 준비한다. 물론 중요한 회의는 그에만 집중하는 추가적인 시간이 필요하다) 모든 회의 전에 마음에 씨앗 뿌리는 준비 과정을 두는 것을 규칙으로 삼는다면, 회의에 항상 준비를 갖춘 상태로 임해 뛰어난 성과를 낼 수 있다. 자연히 더 가치 있는 동료가 되면서 아이디어, 기여, 평판의 측면에서 보상도 받게 된다.

아이디어로 마음에 씨앗을 뿌리는 이런 준비 과정은 내가 지난 10년 동안 이 책의 집필을 포함한 어려운 일들을 해낼 수 있게 한 실용적인 원칙들 중 하나였다. 나는 절대 무작정 앉아서 글을 쓰기 시작하지 않는다. 대신 여러 개의 타임박스를 미리 만들어 그 시간에 생각과 조사 결과를 종합하고, 특별한 노력이나 부담 없이 살펴본 뒤에, 하루 밤낮 정도는 잠재의식이 그것을 처리할 수 있는 시간을 준 다음에야 글을 쓰기 시작한다.

계획의 기술

타임박싱은 계획과 실행으로 이루어진다. 계획은 어떤 작업을 할지, 그 규모가 얼마인지, 언제 할지를 결정하는 과정이다. 실행은 정해진 타임박스 내에 의도한 바를 실행하는 과정이다.

계획은 인지적 부담이 큰 작업인 동시에 사고의 행위다. 계획은 중요한 의사 결정이다. 계획을 잘못 세우면 결국 가치가 낮은 일에 시간을 보내게 된다. 시간을 낭비하는 것이다. 매일 아침 타임박스를 배열하는 데 사용하는 15분은 이후 실행에 쓰는 15시간에 큰 영향을 미친다. 15분 동안의 계획 수립 시간을 통해 여러 가지 혜택을 얻을 수 있다. 15시간을 생산적으로 살 수 있도록 계획하는 15분이다. 60배의 시간을 결정하는 것이다. 따라서 계획은 냉정함과 차분함이 있어야 적절히 해낼 수 있는 중요한 활동이다. 복수와 마찬가지로 계획에는 냉정함이 있어야 한다.

계획의 이점은 규칙의 이점 측면에서 생각해볼 수 있다. 1장에서 보았듯이, 규칙을 정할 때면 미리 몇 가지 중요한 결정을 내리게 된다. 따라서 차분한 상태에서 적합한 사람들에 의해 이루어질 때 좋은 결정과 규칙이 될 가능성이 높다. 미리 이런 규칙을 정해두었다면 그 하루는 자신의 결정을 의심할 필요가 없다. 타임박스를 계획한다는 것은 이런 일이다. 적절한 조건에서 타임박스에 대한 결정을 내렸다면, 그날에 정해 둔 작업들이 정말 그 시점에 꼭 해야 할 일이란 것을 의심하지 않고, 수많은 다른 쓸데없는 일들 대신 그 일을 해야 한다는 확신을 가질 수 있다. 최적의 상태에서 이미 결정해 두었으니 말이다. 더 이상의 생각은 필요치 않다. 계속 의심이 든다면 타임박싱 일정표로 돌아가서 최종 결정을 내리면 된다. 인생은 훨씬 간단해진다. 이번 장을 읽으면서 마음챙김과 명상을 떠올린 사람도 있을 것이다. 그렇다면 20장을 읽어보라.

뛰어난 성과

타임박싱은 능력의 한계를 확장하는 데 도움이 된다. 타임박싱을 이용해 당신과 당신의 두뇌가 최상의 상태에 필요한 조건을 만들 수 있다. 이는 위에서와 같이 씨를 뿌리고 계획을 세우는 것은 물론 물리적 환경을 적절히 조성하는 것을 의미한다(9장 참조).

이 모든 일을 제대로 했다면 방해 요소를 보다 확실히 차단하고 더 큰 집중력을 발휘할 수 있다. 타임박싱은 한 번에 한 가지 활동에 집중할 수 있게 함으로써 업무 성과를 떨어뜨리는 것으로 알려진 스트레스까지 줄여준다. 신경과학자 다니엘 레비틴**Daniel Levitin**은 멀티태스킹이 코르티솔과 아드레날린의 분비로 스트레스를 유발한다는 사실을 상기시키며, 주의가 산만해지면 IQ가 약 10점 정도 떨어진다는 연구를[26] 인용한다.

더욱이 타임박싱은 종종 결과물의 질을 대단히 특별한 수준으로 향상시키는 데에도 도움이 된다. 몰입flow(헝가리계 미국 심리학자 칙센트미하이Csíkszentmihályi가 도입한 개념)이나 딥 워크의 상태에 도달하는 데에 필요한 조건도 거의 비슷하며, 이들 모두가 타임박싱을 통해 가능하다.

□ 끊김이 없는 집중
□ 명확한 목표
□ 시간이 왜곡되는 것처럼 느껴지는 몰입 경험
□ 도전과 기술의 균형-작업이 너무 쉽거나 너무 어려워서는 안 된다.

타임박싱은 우리를 그것이 아니라면 달성하기 어려운 높은 수준의 창의성과 우수함으로 끌어올린다.

정보 검색, 지식 수집

우리는 강력한 기술의 혜택을 누리고 있다. 인터넷은 무한에 가까운 정보를 제공한다. 스마트폰을 통해 언제든 어떤 것이든 손안에 넣을 수 있다. 이 두 가지 기술이 합쳐져 우리를 수십억 명의 다른 사람들과 연결한다(현재는 세계 인구의 대다수가 스마트폰을 가지고 있다). 보다 최근에는 대형 언어 모델Large Language Model, LLM이 의미 있고 유용한 글을 생성하는 능력을 선사해 우리가 인간만이 할 수 있는 작업에 더 집중할 수 있게 해주고 있다. 이런 모든 도구들은 인간의 지능과 능력을 증폭하고 증강하는 역할을 한다.

하지만 이런 방대한 시스템이 놓치는 특히 관련성이 높은 정보원이 있다. 바로 우리 개인의 이력이다. 3장에서 보았듯이, 타임박스에서 검색 가능한 기록은 단순한 기록이 아니라 자신의 기억을 상기시키는 수단이기도 하다. 이 기능을 활용하면 이런 체계를 사용하지 않는 사람들보다 더 똑똑해 보일 뿐만 아니라 실제로 더 똑똑하게 생각할 수 있다(기억을 더 잘하고, 폭넓은 연결이 가능하며, 잠재력을 발휘하는). 이 방식이 기억을 환기시키는 데 얼마나 좋은지 그 느낌을 알려면 시간이 좀 지난 포털 사이트의 검색 내역을 살펴보라. 기록이 얼마나 놀랍고, 힘이 되고, 흥미롭고, 영감을 주고, 때로는 신랄한지 느낄 수 있다.

■ □ □ □

타임박싱을 잘하는 것은 더 똑똑하게 생각하는 것이다. 생각은 인간다움을 이루는 것들에서 많은 부분을 차지한다. 다른 사람들과 더불어 더 똑똑하게 생각하는 것, 그 이상 더 바랄 것이 있을까?

☑️ 정리하기

□ 타임박싱은 인지적 부담이 큰 일과 일반적인 사고 모두에 도움
  이 된다.
□ 이 방법을 사용함으로써 작업 수행 이전에 아이디어의 씨앗을
  뿌림으로써 잠재의식을 활성화할 수 있다.
□ 타임박스에 대한 계획은 남은 하루의 생산성에 큰 영향을 미치
  는 중요한 의사 결정 활동이다.
□ 타임박스 내에서 실행을 하는 동안 이례적인 수준의 명확성과
  몰입을 달성할 수 있는 기회를 얻을 수 있다.
□ 꼼꼼하게 타임박스를 만들면, 사실을 떠올리거나 기억을 되살
  려야 할 때마다 도움이 되는 검색 가능한 정보의 기록을 확보할
  수 있다. 더 나은 기억으로 더 똑똑한 생각을 하자.

⏱️ 생각하기

□ 마지막으로 몰입 상태를 경험한 것은 언제인가?
□ 마지막으로 영감을 얻거나 깨달음의 순간을 경험한 것은 언제
  인가? 어떤 환경 혹은 조건이 그런 경험을 용이하게 했는지 기
  억하는가?

□ 몇 달 또는 몇 년 전의 온라인 검색 내역(자주 이용하는 포털 사이트에서 검색한 내역)을 살펴보라. 무엇을 발견했나? 어떤 느낌이 드는가? 그중 지금 당신에게 유용한 것이 있는가?

06:00

협력이
가능하다

핵심어: 조화

효율

사회적 동물

투명성

신뢰

조직화

인간관계

팀워크

글자 수: 4,384

독서 시간: 7분

하나를 위한 모두, 모두를 위한 하나.

— 알렉상드르 뒤마 **Alexandre Dumas**

타임박싱은 개인의 생산성에만 목적을 두지 않는다. 현대 사회에서 대부분의 사람들은 일과 생활에서 팀(조직 안팎, 고객과 공급업체, 가족 및 친구)의 협력이 필수적이다. 타임박싱은 이런 역학과도 잘 맞는다.

나는 '생산적 조화 **productive harmony**'라는 개념을 옹호하는 사람이다. 이는 다른 사람들과 적합한 방식으로, 즉 솔직하고, 주도적이고, 세심하고, 긍정적으로 상호 작용을 갖는 것이 비즈니스와 가정생활의 실질적 측면과 정서적 측면 모두에 유용하다는 의미다. 주도적이고 솔직한 커뮤니케이션은 훨씬 더 효율적이다. 또한 사람들은 세심하고 긍정적인 상호 작용에 더 수용적인 태도를 가질 가능성이 높다. 때문에 우리는 기를 꺾고, 불안을 야기하고 생산성을 떨어뜨려 많은 인간관계에 피해를 주는 갈등을 피하기 위해 끊임없이 노력을 기울인다. 타임박싱은 이런 무형적이면서도 핵심적인 측면에 도움을 준다.

시간 그리고 동시성이라는 시간의 특성 덕분에 우리는 사회적 동물로서 번성할 수 있다. 우리는 스포츠 경기, TV 프로그램, 콘서트, 결혼식은 물론 직장에서의 회의를 비롯해 인간이 만들어낸, 시작 시간과 종료 시간이 정해져 있는 수백만 가지의 행사를 함께 즐기고 공유한다. 타임박싱은 크고 작은 행사의 공유를 촉진해 우리가 번성하도록 한다.

일정표를 공유한다

일정표를 공유하는 것은 현대 생활의 필수 요소가 되었다. 특히 애플, 구글, 마이크로소프트는 일정표 소프트웨어가 서로 정보를 원활하게 전달하고 공유할 수 있어야 한다는 점을 잘 알고 있다. 이제 사람들이 각자 어떤 기술을 선택하든 일정표를 손쉽게 공유할 수 있다. 이들 소프트웨어는 보기 좋고 직관적이며 접근성이 뛰어나다.

2018년의 설문조사에 따르면 성인의 70퍼센트가 디지털 일성표를 사용한다고 한다.[27] 그 이후로 수치가 더 상승했을 가능성이 높다.

이번 장에서 설명하는 모든 혜택은 공유형 디지털 일정표를 사용하는 사람들만 누릴 수 있다는 것을 기억하라. 종이 기반의 시스템(달력, 메모장, 시간 관리 전용 플래너)은 당신 책상 위에만 놓여 있게 된다. 회사 내 다른 조직과 정보를 전혀 교환하지 않는 환경에서 일한다면 괜찮을지도 모르겠다. 하지만 협업을 원하거나 협업이 필요한 경우라면, 삶의 이 측면을 디지털화하는 작은 조치가 필요하다. 공유는 곧 배려다.

효율적이다

공유 일정표를 잘 활용하면 타임박싱이 지닌 잠재력의 많은 부분을 펼칠 수 있다.

서로의 상황에 맞추어 작업을 배치하는 일이 훨씬 쉬워진다. 예를 들어, 자녀에게 방과 후 활동이 있는 것을 가족이 공유하는 일정표에 입력하면 일정표에 접근할 수 있는 모든 사람이 아이를 그 장소로 데려다주거나 데려오는 등의 일을 더 쉽게 조율할 수 있다. 일정표의 정보는 모든 사람이 가능한 방식으로 가족의 일에 참여하고 그 사실을 일정표에 표시할 수 있게 해준다. 그 결과 가족의 공통 이익을 증진할 뿐 아니라 화목한 가족 관계에도 도움이 된다.

이런 일을 자동으로 명쾌하게 처리하는 프로그램(작업 관리 소프트웨어)도 있다. 하지만 대부분의 사람들은 작업 관리 소프트웨어를 사용하지 않으며, 사용한다 해도 협력이 필요한 다양한 그룹(타 부서, 친구, 가족)이 모두 같은 소프트웨어를 택하는 것도 아니다.

타임박싱은 작업이 완료될 것이라는 확신을 준다. 누군가에게 내가 작성한 참조 자료를 살펴봐 달라고 부탁한다고 가정해보자. 상대방이 "알겠습니다"라는 무뚝뚝한 대답만 내놓는다면 그에 대한 확신을 가지기는 힘들 것이다. 하지만 "좋습니다. 금요일 오전 10시에 타임박스에 넣어두겠습니다"라는 답을 듣고 그것을 공유하는 그들의 일정표에서도 확인할 수 있다면, 당신은 강한 확신을 얻고 이 동료와 그의 확실하고 사려 깊은 업무 방식을 높이 평가하게 될 것이다. '타임박싱'이 일상적으로 사용하는 어휘가 된다면 대인 관계와 약속이 얼마나 더 쉬워질까?

신뢰하는 상대는 당신이 허락하는 범위에서 당신의 일정표 타임박스에 항목을 넣을 수도 있다. 회의에서 이런 작업이 가능하며, 허용 범위에는 공통의 작업들이 포함된다. 이 모든 것이 매끄럽게 이루어지려면, 일정표의 약속에 적절한 수준의 정보와 지침을 포함시켜야 한다. 이에 대한 상세한 내용은 11장에서 설명한다.

이를 마음에 들어 하지 않는 독자도 있겠지만 그렇더라도 이야기하고 싶은 이점이 한 가지 더 있다. 호손 효과Hawthorne effect는 관찰을 받고 있다는 사실을 알면 더 효율적으로 일하는 현상이다. 공유형 일정표는 호손 효과를 일으킬 수 있는 현대적인 방식이다. 언제든 다수의 사람들이 디지털로 나를 관찰할 수 있기 때문이다. 사람들은 당신이 무엇을 했는지, 무엇을 하고 있는지, 언제 무엇을 할 계획인지 볼 수 있다. 따라서 일정표는 일종의 약속 장치가 된다. 끔찍한 일이 될 수도 있지만, 대부분의 사람들에게는 이런 공개적인 약속이 존재한다는 자체가 미루는 습관을 극복하는 데 도움을 주고 성실함에 따른 혜택을 가져다줄 수 있다.

신뢰가 구축된다

공유형 일정표를 모든 상황에서 적용할 수 있는 것은 아니다. 신뢰의 문화와 개인 정보 보호와 개인 정보 설정에 대한 이해가 필요하다. 그리고 회사에서라면 협력적인 IT 부서가 있는 것이 도움이 된다.

'투명성'은 허울 좋은 유행어일 뿐이며, 완전한 투명성은 아마도 당신이 추구하는 바도 아닐 것이다. 일정표를 공유하기 전에 무엇을 누구와 공유하고자 하는지를 확실히 해야 한다. 대부분 디지털 일정표의 개인 정보 보호 설정은 완전 공개부터 부분 공개(타임박스를 통해 당신이 바쁘다는 것 정도만 보여줄 수도 있다), 전체 공개까지 가능하다. 개인이나 팀이 어떤 설정을 적용할지 선택할 수도 있다. 권한이 큰 사용자(관리자, 경영자, 고위 경영자)가 당신의 의도보다 더 많은 정보를 볼 수 있다는 점을 알고 있어야 한다. 전적으로 안심할 수 있으려면 1대1로 허용 범위를 확인하는 것이 좋다. 신뢰할 수 있는 사람에게 그들이 당신의 일정표를 볼 때 무엇을 보는지 묻고 당신이 예상하는 것과 일치하는지 확인해야 한다.

개인 정보 보호 설정과 일정표 관리 사이에는 균형이 필요하다. 타임박스에 많은 개인 정보와 메모를 넣으려면 설정을 더 엄격하게 해야 하는 반면, 사적인 정보가 적다면 좀 더 느슨한 설정이 가능하다. 개인 정보 보호 설정은 지나치게 엄격하게 하지 않는 편이 낫다.

인간관계를 깊게 한다

공유 일정표를 적절히 활용하면 인간관계를 구축하고 깊게 만드는 데 도움이 된다. 모든 상황과 모든 사람에게 적용되지는 않겠지만, 타임박스를 통해 가끔 사적인 정보나 업무에 필수적이지 않은 정보(독서, 수영, 자녀의 등하교, 미술 수업, 영화관 나들이 등)를 공유한다면 쉽고, 절제되고, 부담스럽지 않은 방식으로 동료에 대해 알아갈 수 있다. 처음 만나는 사람 사이에서 어색함을 없애는 데 사용할 수도 있고, 대화에 활력을 불어넣을 수도 있다. 소셜 미디어에서는 망설임 없이, 때로는 무모할 정도로 많은 정보를 공유하면서, 훨씬 규모가 작고, 아마도 더 신뢰할 수 있는 그룹 내에서 세부적인 정보를 공유하는 것을 그렇게 꺼릴 이유는 없다.

■ □ □ □

디지털 일정표와 약간의 신뢰만 있다면 타임박싱이 협업에 미치는 효과는 대단히 커질 수 있다. 디지털 일정표는 쉽게 만들고 이용할 수 있지만 그것을 공유하는 데 참여하는 사람들 사이에서 신뢰를 구축하는 것은 쉽지 않은 일이다. 하지만 대부분의 사람들은 타임박싱의 효과를 쉽게 누릴 수 있을 만큼 주변 사람들을 신뢰하는 것이 보통이다.

✅ 정리하기

- □ 타임박싱은 개인의 생산성은 물론이고 협업의 효과도 높인다.
- □ 공유형 디지털 일정표는 타임박싱을 활용하는 최고의 도구다.
- □ 타임박싱은 사용하면 서로의 상황에 맞추어 작업을 전략적으로 배치하는 일이 훨씬 쉬워지며 동료들 사이에서 작업 완수에 대한 확신을 가질 수 있다.
- □ 공유 일정표의 개인 정보 보호를 설정할 때 개인 정보 보호와 편의 사이의 적절한 균형에 대해서 생각해보라. 공유 일정표에 사적인 활동을 적을 수 있겠는가?
- □ 일정표에 사적인 활동의 타임박싱을 포함시키면 처음 만나는 사이의 어색함을 해소하고 동료들과의 관계를 돈독하게 만들 수 있다.

🕹 생각하기

- □ 직장에서 당신이 언제 무엇을 하는지 완전히 공개할 수 있을 만큼 신뢰하는 사람이 몇 명이나 되는가?
- □ 신뢰하지 못하는 사람과 그 이유에 대해서 생각해보라.
- □ 직장 이외에 당신의 일정을 더 잘 알게 됨으로써 혜택을 볼 수

있는 사람은 누구인가? 가족, 친척, 친구, 자원봉사 조직, 이웃 등을 생각해보라.

□ "할 겁니다"라는 말을, 적어도 가끔은 "특정한 시간에 타임박스를 만들어두었습니다"라는 말로 바꾸는 것을 고려해보라.

□ 사람들은 '곧', '조만간', '가능한 빨리', '잠시 후', '오래지 않아' 등 시점에 대해 부정확한 단어들을 자주 사용한다. 더 정확한 단어를 사용하는 것이 나은 경우를 생각할 수 있는가?

07:00

생산성을
높인다

핵심어: 생산성

우선순위

소수의 중요한 작업

80/20 법칙

정량화

멀티태스킹

방해 요소

중단

소셜 미디어

글자 수: 5,352

독서 시간: 9분

유능한 경영자는 제각기 다른 성격, 강점, 약점, 가치관, 신념을 가지고 있다.
그들 모두의 공통점은 적절한 일을 한다는 것이다.

— 피터 드러커 Peter Drucker (미국의 경영학자)

요즘에는 생산성이란 개념이 미시적 관리 micromanagement (상사가 하급자의 일에 지나치게 감독, 감시하는 관행-옮긴이), 끝없는 작업, 워라밸 work-life balance (일과 삶의 균형)과 정신 건강의 경시를 떠올리게 한다. 하지만 나는 직장이든 가정이든 더 많은 것을 성취하려는 열망이 여전히 의미가 있고 존중받아 마땅한 것이라고 자신 있게 말할 수 있다. 그리고 타임박싱은 이런 열망의 달성에 도움이 된다.

올바른 선택을 한다

피터 드러커의 말처럼,[28] 보통 우리는 올바른 일에 집중할 때 더 많은 일을 해낼 수 있다. 무엇을 해야 할지 선택할 때는 피곤하거나 산만하거나 고통스러운 상태가 아닌 차분한 상태여야 올바른 일에 집중할 수 있다. 그렇게 되면 삶에서 우리가 원하는 일, 착수해야 할 일에 더 많은 주의를 기울일 수 있다. 그렇지 못하고 목적 없이 상황에 휘말리면 중요한 일에 충분히 집중할 수가 없다.

타임박싱은 다양한 종류의 작업을 완수하는 데 유용하다. 타임박싱을 통해 마감이 임박한 긴급 작업을 쉽게 파악하고 우선할 수 있다. 공부처럼 긴급하지 않지만 중요한 활동도 적절한 시점에 타임박스를 배치함으로써 계속 미루지 않고 해낼 수 있다. 의식적으로 혹은 무의식적으로 피할 가능성이 높은 어려운 작업들은 할 만한 에너지가 있을 가능성이 높은 시간에 정면으로 대응할 수 있다. 너무 사소해서 계획을 따로 세우기에 적합하지 않은 쉬운 작업들은 한데 모아 적절한 크기의 타임박스에 배치할 수 있다. 일정표에 배치할 필요가 없는 비생산적인 작업은 일정표에서 무시한다.

이때의 혜택을 정량화해보자. 작업의 가치를 1부터 10까지의 척도로 평가한다고 가정하자. 그리고 작업이 생기는 대로 무작정 처리할 때의 평균값이 6이고, 작업을 미리 선택할 때의 평균값이 8이라면, 일의 가치가 33퍼센트나 상승하는 것이다. 80/20 법칙이 지식 노동에 적용된다고 가정하면 상승효과는 훨씬 더 클 것이다. 아마도 소수의 중요한 작업이 생산성 향상 혜택의 대부분을 차지할 것이기 때문이다.

파킨슨의 법칙을 역이용한다

오래된 격언을 뒤집으면 더 많은 일을 해낼 수 있다. "업무는 정해진 완료 시간을 채우기 위해 계속 늘어진다"는 파킨슨의 법칙[29]은 우스갯소리지만 널리 통용되는 주장이기도 하다. 방을 치우는데 30분이 주어지면 그 시간 안에 하게 되지만, 60분이 주어지면 60분을 다 쓰게 되는 것과 같은 이치다. 파킨슨의 법칙이 설명하는 시간 손실은 미루는 행동과 관련이 있다. 타임박싱은 이 격언을 반대로 이용한다. 할당된 시간에 맞춰 일을 완수하게 만드는 것이다. 타임박스에 할당된 시간을 줄여도 작업은 마무리된다. 썩 괜찮은 방법이 아닌가!

이 아이디어를 뒷받침하는 연구 결과도 있다. 한 연구에서 대학생들은 네 세트의 사진을 보고 평가하라는 요청을 받았다.[30] 실험이 시작되기 직전, 한 그룹은 네 번째 세트가 취소되었다는 말을 들었다. 하지만 그들이 작업에 소요한 시간은 4세트의 사진을 평가한 다른 참가자들과 거의 같았다. 평가 작업의 양은 3세트로 줄어들었지만 결국 할당된 시간을 다 채운 것이다. 이 연구의 저자는 "예상했던 다음 작업이 취소되거나 시간이 더 주어지면, 작업자가 기존 작업에 낭비하는 시간이 상당히 늘어나며 비효율이 나타난다"는 결론을 내리고 있다. 이런 효과는 여러 복제 시험에서도 관찰되었다. 다른 연구에서는 참가자들에게 무작위로 5분 또는 15분 동안 동일한 작업을 수행하도록 했다.[31] 15분 주어진 참가자들은 작업을 완료하는 데 걸린 시간이 5분 주어진 참가자들보다 훨씬 길었다. 또 다른 연구는 기말고사 점수 편차의 3분의 1 이상이 미루기 때문이라고 보고하고 있다.[32]

물론 법칙이라는 것들에는 한계가 있다. 무에서부터 A4 용지 10장 분량의 제안서를 작성하는 데 한 시간으로 제한을 둔다면 실패할 것이다. 타임박싱은 마술이 아니다. 앞서 언급한 연구들은 보통 1/4에서 1/2의 시간을 절약하는 것이 가능하다고 주장하지만 할당된 시간이 줄어들면 질이 떨어진다는 연구도 있다. 2014년에 발표된 연구가 이를 확인했다.[33] "시간 제한에 부담을 느끼며 공부하는 학생들의 평점이 시간에 대한 부담 없이 공부하는 학생들보다 평균 3점 정도 낮았다."

마감이 멀 때는 노력의 강도가 줄어드는 것이나 그렇게 하는 것에도 어느 정도의 한계가 있다는 것 모두 타당해보인다. 하지만 이런 경향을 이용해 내 시간에서 나오는 결과물을 30퍼센트 정도 더 향상시킬 수 있다면 시도해보는 것이 좋지 않을까?

모든 것을 제시간에 완료한다

타임박싱은 규모가 큰 작업들을 예측 가능한 길이의 처리하기 쉬운 소규모 작업으로 나눈다. 따라서 이 방법을 통해 큰 프로젝트 (이사, 신제품 출시, 생일 파티 준비 등)의 모든 구성 요소를 확인할 수 있다. 이는 이용 가능한 시간 내에 실제로 작업을 완수할 수 있는 지(혹은 다른 준비를 해야 하는지) 판단하는 데 유용하다. 또한 시간이 충분하다면 모든 구성 작업들을 마감 전에 확실히 완료하는 데에도 도움을 준다.

멀티태스킹을 멀리한다

4장에서 멀티태스킹이 정서에 미치는 부정적인 영향에 대해 다루었다. 더구나 멀티태스킹은 생산성에도 수치화할 수 있는 부정적 영향을 끼친다.

멀티태스킹이라고 해서 대화를 하면서 보고서를 작성하거나 프레젠테이션을 하면서 경비를 계산하는 것을 생각하면 안 된다. 그런 시도를 하는 사람은 찾기 힘들 것이다. 오늘날 대부분의 사람들에게 멀티태스킹이란 다른 작업을 하면서 동시에 갖가지 형태의 알림을 관리하려는 시도를 뜻한다. 최신 소프트웨어(마이크로소프트 팀스, 슬랙Slack, 이메일 등)와 하드웨어(노트북, 태블릿, 스마트폰, 스마트워치 등)가 합쳐져 매일 수십 개의 알림을 전달한다. 이들 알림은 다른 업무나 작업과 조화시키기가 힘들다. 누가 무엇을 보냈는지 확인하고 싶은 유혹은 태어날 때부터 뇌에 새겨진 것으로, 실제적이고, 지속적이다.

보통은 싱글태스킹을 통해 더 많은 일을 할 수 있다. 멀티태스킹과 업무 전환context switching은 생산성을 떨어뜨린다. 2001년 한 논문에 따르면 멀티태스킹과 업무 전환에 따른 비용이 생산 시간의 40퍼센트에 달한다는 것을 보여주었다.[34] 문자 메시지를 보내면서 운전을 하는 것과 같이 멀티태스킹이 특히 위험한 상황도 있다. 미국의 경우 부주의한 운전으로 인한 사망자가 연간 3천 명이 넘는다.[35] 인지적 부담이 큰 작업(자녀의 수학 공부를 돕거나 법률 문서를 검토하는 등)이나 복잡성이 높아 중단된 후 중단한 부분에서 다시 시작하는 것이 어려운 소위 재개 지연resumption lag형 작업은 멀티태스킹에 특히 취약하다. 반면 드물긴 하지만 동시에 안정적으로 진행할 수 있는 작업들의 조합이 있다. 이들에 대해서는 18장에서 알아본다. 하지만 대부분의 활동은 싱글태스킹이 유리하며, 타임박싱은 멀티태스킹의 가능성을 차단하고, 한 번에 한 가지 일만 할 수 있는 힘을 실천하는 데 도움을 준다.

자투리 시간을 생산적으로 보낸다

누구나 하루를 보내다 보면 자투리 시간이 생기기 마련이다. 버스를 기다리는 동안, 출퇴근길, 커피숍에서 친구를 기다릴 때, 회의가 일찍 끝나거나 취소되는 축복의 순간. 대개의 사람들은 이런 시간을 각종 스크린을 보며 채운다. 휴대폰을 향해 손을 뻗는 것은 새롭게 자리 잡은 행동 양식이다. 우리는 하루에 2시간 이상을 스마트폰을 통해 짧은 소셜 미디어 콘텐츠를 소비하는 데 보낸다.[36] 이 활동은 거의 완벽한 편의성을 자랑한다. 즐거움조차 느끼지 못하면서 스크롤을 이어가는 때도 있다. 재미를 얻는 것이 아니라 중독된 것이다.[37] 자투리 시간은 우리에게는 전혀 도움이 되지 않고, 빅테크 기업에나 이익이 되는 행동으로, 그들에게 먹혀 버리고 있다. 잃어버린 몇 분의 시간이 쌓여 몇 시간이 된다. 그 일부를 더 가치 있는 일에 썼다고 상상해보라. 타임박싱을 하고 예상 밖에 주어진 자투리 시간을 주도적으로 활용한다면 생산적으로 보내는 시간을 늘릴 수 있다.

밑 빠진 독은 버린다

지식 노동은 끝이 없다. 일부 생산성 전문가는 이런 사실에 대한 적절한 대응이 현실을 받아들이고 외면하는 것이라고 말한다. 그 예로 자주 등장하는 것이 이메일이다. 많은 이메일을 받아서 거기에 답장을 하면 더 많은 이메일을 받게 된다. 그러면 이런 일이 끝없이 반복된다.

이것은 옳지 않다. 우리는 아마도 마지막 이메일을 받지 못할 수도 있다(이런 의미에서 이메일은 정말 끝이 없다). 그렇지만 이메일을 통해 주고받는 정보에 큰 가치가 있는 때가 종종 있다. 이메일에 답장을 몇 개 보냈는데도 받은 편지함이 더 불어나 있을 수도 있지만, 그 사이 당신이 맡은 프로젝트가 완료에 가까워졌을 수도, 거래가 성사되었을 수도, 팀원이 더 큰 소속감을 느꼈을 수도 있다. 물론, 받은 편지함을 잘 통제해 압박감을 느끼거나 다른 업무에 지나치게 지장을 주지 않도록 해야 한다. 이를 막는 방법은 11장에서 다룬다.

올바른 일을 하고 있고, 각 타임박스를 최대한 활용하고, 멀티태

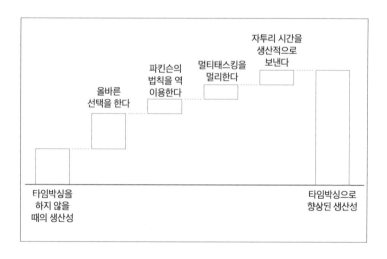

스킹을 싱글태스킹으로 바꾸고, 끝이 없어 보이는 일에서 가치를 얻는 등 작용하는 모든 복합적 요소들을 고려한다면 생산성을 크게 향상시킬 수 있다(흥미롭게도 칼로리 섭취량을 측정하는 다이어터들은 그렇게 하지 않는 사람보다 2배 많은 감량을 이뤘다[38]). 숫자를 대입하는 것이 너무 단순한 생각일지 모르겠지만, 나는 제대로 된 타임박싱이 내가 2018년의 글에서 이야기한 생산성의 두 배 이상에 이르는 효과를 거두게 해준다고 생각한다.[39]

■ □ □ □

앞의 세 장에서 논의한 대로 정신적인 안정을 찾고, 더 똑똑하게 생각하고, 더 조화로운 협업이 가능해지는 등의 혜택을 보면 타임박싱이 초능력처럼 느껴질 것이다.

하지만 거기에서 끝이 아니다.

☑️ 정리하기

- 주어진 시간으로 더 많은 것을 성취하는 것은 추구할 만한 가치가 있는 일이다.
- 타임박싱은 적절한 활동에 집중함으로써 생산성을 향상시킨다.
- 파킨슨의 법칙은 과학적 연구를 뒷받침하고 있다. 이 법칙을 자신에게 유리한 방향으로 이용한다면 생산성을 30퍼센트까지 높일 수 있다.
- 멀티태스킹은 생산성을 최대 40퍼센트까지 떨어뜨린다.
- 앱의 알고리즘이 지시하는 대로가 아닌 내가 의도하는 대로 자투리 시간을 이용한다면 하루에 한 시간 정도의 시간을 더 얻을 수 있다.
- 타임박싱은 생산성을 평균 두 배 정도 높인다.

🔧 생각하기

- 적절한 일에 집중한다는 면에서 얼마나 자신감을 느끼는가? 집과 직장 중 어디에서 더 자신감을 느끼는가?
- 멀티태스킹을 하는가? 어떤 상황에서 멀티태스킹을 하는가? 그 부분에 변화가 필요하다고 느끼는가?

□ 삶에서 시간을 가장 많이 빼앗는 것은 무엇인가? 소셜 미디어?
　스트리밍 서비스? 논쟁? 다른 중독? 걱정? 미루기?

08:00

주도적인 삶을 산다

글자 수: 4,851

녹서 시간: 8분

전화를 끊으며 그런 생각이 들더군.
그 애는 나처럼 자랐다고. 내 아들은 꼭 나를 닮았어.

— 해리 채핀**Harry Chapin**(가수, 'Cat's In The Cradle' 가사 중)

시간을 잘 보내야 인생을 잘 살아낼 수 있다.

타임박싱은 15분, 1시간, 하루라는 시간을 더 잘 사용하게 해준다. 이 방법을 쓸 때 주로 언급되는 것은 이런 짧은 시간이다. 하지만 이런 짧은 시간들은 몇 주, 몇 달, 몇 년간 쌓인다. 따라서 타임박싱은 인생 전체를 선택하고 바꾸는 데 도움을 준다. 한 사람의 인생은 유한하지만 그 삶이 주는 영향은 온 우주와 영원의 시간으로 이어질 수 있다. 올리버 버크먼이 인간 조건의 중요한 측면이라고 말한 '유한성'에는 우리가 할 일을 선택하고 삶을 특별하게 만들 수 있는 엄청난 기회가 숨어 있다.

지금까지 살펴본 모든 이점을 종합하면 스토리가 완성된다. 타임박싱을 통해 우리는 정신적 안정을 얻고, 더 똑똑하게 생각하고,

조화롭게 협력하여 더 많은 것을 성취한다. 이런 혜택들이 서로 섞여서 누적된다. 그 과정에서 우리가 한 모든 일은 흔적(3장에서 설명한 검색 가능한 기록)으로 남는다. 우리의 삶이 길어지면 그 흔적도 늘어난다. 우리는 단기적인 목표와 장기적인 목표를 주도적으로 선택함으로써 그 여정을 내게 잘 맞는 풍성한 것으로 만들 수 있다. 타임박싱이 거기에 도움을 준다.

단기적인 목표

단기적인 목표를 다음 12개월로 생각하기로 하자.

삶의 여러 영역이 여러 방향으로 우리를 잡아당긴다. 타임박싱은 이런 긴장에 대해 생각하고, 주도적인 열망으로 긴장을 해소하도록 격려하며, 그 열망을 실현하는 데 도움을 준다. 이것은 매우 가시적으로 나타날 수 있다. 예를 들어, 삶의 더 많은 부분을 창의적인 활동에 투자하는 것이 중요하다는 결심을 했다고 가정하자. 이후, 관련된 창의적인 활동을 생각해내고, 그것을 일정표의 타임박스로 만들고 특정 색상(예: 파란색)을 부여한다.[40] 일정표는 이 목표 달성이 어떻게 진행되는지에 대한 시각화인 동시에, 언제 보충 조치가 필요한지(파란색이 많지 않은 경우)에 대한 프롬프트prompt(운영체제에서 사용자에게 보내는 메시지, 사용자에게 입력을 요구하거나 지시

대기 상태임을 나타내는 기호, 행동을 유발하는 요인-옮긴이)가 된다. 내 시간의 25퍼센트를 창의적인 일에 투자하겠다는 식의 아주 정확한 선택도 가능하다. 이 모든 것이 일정표에 기록되어 검토와 개선을 거친다(구글의 타임 인사이트나 마이크로소프트 아웃룩 Outlook의 비바 인사이트와 같은 기능을 사용하면 어느 정도 자동화가 가능하다).

삶에서 중요한 영역이 무엇인지 생각하는 것은 가치 있는 일이다. 과거 일정표를 검토하는 것은 중요한 영감의 원천이 된다. 다음은 인생에서 가장 의미 있는 일을 찾는 데 도움이 되는 삶에서 가장 흔한 긴장의 목록이다.

- □ 일 vs. 여가. 가장 흔하고 진부하지만, 여전히 중요한 부분이다. 건강 유지에 적합한 평균 근무 시간은 몇 시간인가? 그 시간을 정해 일을 하고 그 뒤에는 도구를 내려놓고 일에서 손을 떼라. 전자 기기와 소프트웨어 사용이 여가 시간을 침범하는 일에 대항하기 위한 조치가 필요하게 될 것이다(23장 참조).
- □ 자신에 집중 vs. 타인에 대한 책임. 명상, 운동, 식이, 일기 쓰기, 각종 요법, 반성 등 자신을 돌보는 데 충분한 시간을 할애하고 있는가?
- □ 공부 vs. 일. 일과 중 공부에 투자하는 시간은 얼마나 되는가? 고용주가 이런 시간을 인정하는가? 그것은 고용주의 의무다. 요즘에는 대부분의 고용주가 일주일에 한 시간의 학습 시간

을 제공한다.

- □ 일과 관련된 긴장: 사무실 근무 vs. 재택근무, 야간 근무 vs. 주간 근무, 어려운 임무 vs. 반복적인 임무. 자신과 가족, 직장에 무엇이 적합한지 신중하게 생각해본 적이 있는가? 그렇다면, 그런 변화에 영향을 주기 위해 최선을 다했는가?

- □ 사회 vs. 가족 vs. 혼자. 좋은 친구들과 원하는 만큼, 혹은 꼭 필요한 만큼의 시간을 보내고 있는가? 정말 좋은 친구가 누구인지 알고 있는가? 가족 외식과 같이 가족과 함께 양질의 시간을 충분히 가지고 있는가? 그 시간에 온전히 집중하고 있는가?

- □ 생산적인 시간 vs. 여가 시간. 업무 외의 시간에도 얼마든지 생산적인 시간을 가질 수 있다. 운동, 스포츠, 악기 연주, 독서, 돈 관리, 새로운 언어 배우기 등은 모두 생산적인 활동으로 간주된다. 하지만 그런 활동에 너무 많은 시간을 할애하는 것은 곤란하다. 오락이 필요한가? 그렇다면 언제, 얼마나 필요한가? 그에 대한 타임박스를 만들라!

- □ 단기 목표(12개월 이내) vs. 장기 목표(1년 이상). 단기 목표와 장기 목표가 균형을 이루고 있는가? 당신에게는 둘의 비율이 어느 정도일 때가 균형인가?

- □ 배우자 vs. 자녀. 배우자도 자녀도 있는 경우, 가족 구성원 각자와 적절한 양의 양질의 시간을 가지고 있는가? 조금 소홀한 사람이 있는가? 생각해보고, 결정하고, 행동하라.

장기적인 목표

얼마 전만 해도 장기적인 목표를 생각하는 것에 큰 의미가 없었다. 사람들의 수명이 짧고 선택지가 많지 않았기 때문이다. 하지만 이제 사람은 훨씬 오래 산다. 영국의 경우, 오늘 태어난 아기의 1/3은 100세까지 살 것이다.[41] 이 책에서 주장했듯이, 어떤 순간에 어떤 일을 할지는 물론이고 어느 길을 따라야 할지(어디에 살아야 할지, 누구와 살아야 할지, 어떤 경력을 쌓아야 할지, 어떤 기술을 개발해야 할지)에 이르기까지 우리에게는 엄청난 선택지가 주어져 있다.

라이프 코치는 클라이언트를 만난 초기에 자신의 인생 목표를 생각해보고 적게 한다. 라이프 코치는 현재와 원하는 미래의 상태 사이의 디딤돌에 이르는 데 도움이 되는 지침을 제공한다. 타임박싱은 이런 디딤돌이 되어주고 우리가 택한 길로 나아가는 데 도움을 준다.

대부분의 사람들은 인생의 마지막이 가까워졌을 때 지난 세월을 돌아보고 이 생애에서의 시간이 가치 있고 큰 후회가 남지 않는다고 느낄 수 있기를 바란다. 따라서 노인들이 세상을 떠나기 직전에 말하는 뼈아픈 후회들에 대해서 생각해보는 것도 마음에 남은 유익한 일이 될 수 있다.

☐ 걱정으로 너무 많은 시간을 보낸 것[42]

□ 은퇴 자금을 충분히 마련하지 않은 것[43]

□ 자신에게 진실하지 못했던 것[44]

□ 여행을 더 많이 하지 못한 것[45]

□ 가족이나 친구와 더 많은 시간을 보내지 못한 것

□ 열정을 좇지 못한 것: 많은 노인들이 젊은 시절 열정과 꿈을 추구하지 않은 것을 후회한다.

□ 건강을 잘 관리하지 못한 것

□ 자신의 이익, 신념을 더 적극적으로 지키지 못한 것

□ 교육이나 학습 기회를 좇지 않은 것

□ 사랑과 감사를 표현하지 않은 것

이런 식의 후회를 남기지 않도록 미리 조치를 취하고 싶은 생각이 든다면 타임박싱이 유용할 것이다. 세상을 더 많이 보는 것이 중요하다고 가정해보자. 언제, 어디를 갈지, 얼마의 비용이 들지 생각해보라. 그 후 계획을 세운다. 매달 여행 계획 타임박스를 배치하는 것이 합리적인 출발점이 될 것이다. 이와 함께, 목표를 실현하는 데 도움이 되는 몇 가지 재정적 목표도 추가한다. 그에 따라 한 해 한두 번의 여행을 다녀오면 내년에는 비슷한(그러나 개선된) 계획을 잘 진행할 수 있다는 자신감이 커진다. 그렇게 시간이 가면 10년 후 당신이 원하던 노련한 여행가가 되어 있을 것이다.

주도적인 행복한 삶이 반드시 대단한 것일 필요는 없다. 우리가

하는 대부분의 일은 평범하고 반복적이다. 우리는 매일 먹고, 마시고, 자고, 생각하고, 가까운 사람들과 교류한다. 더 다양한 음식을 먹고, 술을 적당히 마시고, 편안한 수면을 취하고, 긍정적으로 생각하고, 다른 사람에게 친절을 베풀도록 상기시켜주는 도구가 있다면 이런 일을 더 잘하게 될 것이다. 타임박싱은 이 모든 일상의 활동을 보다 건강하고, 주도적으로, 즐겁게 하도록 도와준다.

장기적인 목표는 우리 자신의 삶을 넘어서는 부분까지 확장될 수 있다. 우리 행동의 파급 효과가 자신의 존재 너머까지 이어지는 것이다. 특정한 긍정적, 부정적인 행동, 특히 젊은 세대(자녀가 포함되지만 거기에 그치지 않는)에게 영향을 미치는 행동은 우리가 죽은 후에도 어떤 형태로든 지속될 가능성이 높다. 우리는 나쁜 악순환의 고리를 끊을 수 있다. 그리고 좋은 사이클을 시작할 수도 있다. 이것이 이번 장의 시작 부분에 소개한 노래 가사가 말하는 경고이자 기회다.

일상 활동을 가치와 목표에 부합하도록 주도적으로 실행한다면 결국 거의 모든 인간이 가장 원하고 소중히 여기는 삶을 살 수 있게 될 것이다.

■ □ □ □

지난 몇 개의 장에 걸쳐서 우리는 타임박싱의 주요 이점을 검토

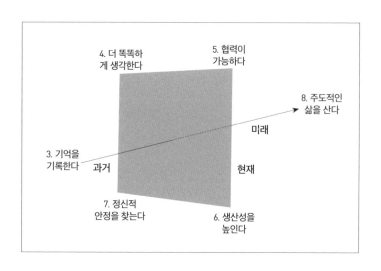

해보았다. 과거와 연관된 혜택(신뢰할 만한 기록)도, 현재와 연관된 혜택(정신적 안정, 더 똑똑한 생각, 협력, 생산성)도, 미래와 연관된 혜택(주도적인 삶)도 있었다. 이 모든 것을 함께 시각화할 수 있다면 의욕을 느낄 수 있다.

온 우주를 통틀어 우리가 확신을 가질 수 있는 일은 우리가 여기에 몇 십 년 머물 뿐이며 그동안 몇 가지 결정을 내린다는 사실뿐이다. 그 결정을 우리가 정말 원하는 삶을 선택하는 데 사용하자.

☑ 정리하기

□ 매일 어떻게 시간을 사용하느냐에 따라 인생이 어떻게 펼쳐지
느냐가 결정된다.

□ 당신 삶에 존재하는 기존의 긴장들과 그들 사이에 현재의 노력
과 시간이 적합한 비율로 배치되고 있는지 생각해보는 것이 유
익할 것이다.

□ 장기적으로, 어떤 삶의 목표를 갖고 있는지, 어떤 이정표를 세
워야 그 목표들에 이르게 될지, 그 과정을 밟을 때 중·단기적으
로 어떤 타임박스가 도움이 될지 생각해보라.

⏱ 생각하기

□ 이번 장에 나열된 긴장 목록 중 가장 공감이 가는 것은 무엇인가?

□ 당신의 인생에서 긴장 목록을 개선하기 위해 할 수 있는 변화는
무엇인가?

□ 위에서 언급한 삶에서 후회되는 일 중 현재 상황에서 자신에게
가능성이 가장 높다고 생각되는 것은 무엇인가? 그런 후회를
피하기 위해 세울 수 있는 계획은 무엇인가?

02:48

TIMEBOXING

2부

계획하라

2부는 소란한 하루가 시작되기 전에 일정표에 타임박스를
배치하는 일을 다룬다. 2장에서 보았듯이 실행 의도가 효과로 이어진다.
즉, 좋은 계획을 세운다면 끝까지 할 가능성이 높아진다.
여기에서 그 방법을 소개한다. 일관성을 가지고, 할 일 목록을 활용하고,
각 작업에 시간이 얼마나 걸릴지 예측하고, 적합한 순서를 정해야 한다.
이 15분간의 계획이 다음 15시간을 결정짓는다.

09:00

타임박싱의 기초

핵심어: 핵심 요소
　　　　일정표
　　　　사고방식
　　　　환경
　　　　작업 장소
　　　　방해 요소
　　　　집중
　　　　스마트폰

글자 수: 3,468
독서 시간: 6분

더 잘 알게 될 때까지 최선을 다하라.
더 잘 알게 된 후에는 그 지식을 더 나은 행동으로 옮겨라.

— 마야 안젤루Maya Angelou(미국의 시인)

이번 장에는 어려운 부분이 없다. 1장에서 보았듯이, 타임박싱은 대단히 자연스럽다. 우리 모두가 이미 어느 정도는 실천하고 있기 때문이다. 따라서 시작하는 데 그리 많은 것이 필요치 않다.

약간의 시간: 15/15

'타임박스를 타임박싱한다.' 눈길을 끌기 위해 만든 말이 아니다. 1장의 타임박싱 정의에 있는 핵심 요소 중 하나는 적절한 상태에 있을 때 무엇을 할지 선택한다는 것이다. 이를 위해서는 작업들 자체보다 먼저 일정표에 타임박싱을 위한 시간을 마련해 두어야 한다.

일일 타임박싱이든 장기 타임박싱이든 마찬가지다.

일일 타임박싱의 경우, 전날 밤이나 당일 아침에 할 가능성이 높다. 전날 밤은 실행 이전에 수면 시간이 있어서 두뇌가 그 시간 동안 연상과 통합 작업을 할 수 있다는 장점이 있다. 당일 아침은 오전의 맑은 정신으로 생각할 수 있다는 장점이 있다(나의 선호 시간).

많은 시간이 필요치 않다. 단 15분이면 하루 전체의 타임박스를 만들 수 있다. 하지만 이 몇 분이 다음 15시간 정도를 실질적으로 결정짓는 중요한 시간이 된다. 일정표에 15분의 일정을 잡아라. 이것은 매일 해야 하는 일이며, 대단히 중요한 활동이기 때문에 반복적으로 일정을 잡아야 한다. 이 시간을 유쾌하게 만들 아이디어를 생각해보라. 초보자라면 이런 아이디어가 특히 중요하다. 타임박스를 계획하는 이 시간을 좋아하는 아침 음료를 마시는 시간과 일치시키는 방법도 있다. 이 15분의 계획  으로 통제력을 얻을 수 있다. 이런 식의 시간 사용을 받은 편지함부터 살피는(많은 사람들이 하는 것과 같은) 하루의 시작과 대조해보자. 당신이 그 시간에 10개의 이메일을 훑어봤다고 가정해보자. 분명히 일종의 진전이기는 하다. 하지만 이 경우 당신은 해야 할 일이 얼마나 되는지, 상대적인 순위는 어떤지, 준비가 꼭 필요한 것은 무엇인지, 누구에게 메모를 보내야 할지, 언제 쉴 수 있는지 전혀 알지 못한다. 타임박싱은 이 모든 것을 파악할 뿐 아니라, 정확한 계획을 마련하고, 통제감까지 느낄 수 있게 한다.

장기(주간, 월간, 분기별, 연간) 타임박싱도 일정을 마련해서 꼭 실천하도록 해야 한다. 이런 장기 계획에는 한 시간 이상이 필요할 수도 있다. 하지만 이번 장(그리고 이 책)의 중심은 타임박싱에서 가장 흔하고 중요한 일간 타임박싱이다.

올바른 사고방식

타임박싱의 효과를 보려면, 올바른 마음 상태에 있어야 한다. 이 방법이, 무엇을 해야 하는지, 그것을 언제 해야 하는지 파악하고 그 결과로 더 나은 기분을 느끼게 한다는 가능성에 마음을 열어야 한다. 비판적 시각은 환영할 일이고 실제로도 유용하지만, 변치 않는 냉소적 태도는 도움이 되지 않는다. 이 책을 읽고 있는 사람이라면 이런 사고방식, 즉 타임박싱이 실제로 도움이 될 수 있다는 견해를 가지고 있을 가능성이 높고, 여기까지 읽은 독자라면 1부에서 설명한 타임박싱의 여섯 가지 혜택을 알고 있을 것이다.

적합한 환경

타임박스에 대해 제대로 생각할 수 있는 상태를 유지할 수 있도록 물리적 환경을 최적화시킨다. 오감을 명료한 사고와 좋은 타임박싱에 가장 도움이 되는 방식으로 다루어야 한다.

- □ 시각. 알림을 끄고, 알림을 보내는 장치도 멀리하고, 필요치 않은 브라우저 탭을 닫는다. 계획하는 시간에는 일정표가 화면의 중앙을 차지하도록 한다. 물리적으로는 조명을 조정하고 작업 공간을 깔끔하게 정리한다. 눈에 보이는 부분을 정리해 주의를 빼앗기지 않게 하는 것이 당연한 일 같지만, 경험상 95퍼센트의 사람들은 그렇게 하지 않는다.
- □ 청각. 가사가 있는 음악 혹은 가사가 없는 음악을 틀거나, 음악을 끄거나, 소음을 제거하는 등 상황에 맞는 소리를 고른다.
- □ 후각. 좋아하는 향으로 초나 디퓨저를 두거나, 창문을 연다.
- □ 미각. 주변에 원하는 간식이나 음료를 둔다. 주방, 매점, 카페로 계속 도망칠 핑계를 남기지 않는다.
- □ 촉각. 자세를 바르게 하고, 준비를 갖추고, 마음이 흔들리지 않고, 집중할 수 있는 하드웨어나 액세서리를 구비한다.

대부분의 사람들은 타임박스를 만들 때는 혼자 있는 것을 선호한다. 하루를 어떻게 보낼지 결정하는 것은 개인적인 활동이다. 따라서 혼자 쓰는 방이나 사무실이 있다면 문을 닫고 사람들에게 지금은 잡담을 할 때가 아니라는 것을 알게 하는 것이 좋다.

우리의 환경은 습관 형성에 중요한 역할을 한다. 하루에 필요한 모든 물건(열쇠, 지갑, 휴대폰 등)이 현관에 붙어 있다면 짜증스러운 실수를 사전에 막을 수 있다. 아침에 침대 위에 책을 둔다면 그날 밤 그 책을 읽게 될 확률이 높아진다. 하루를 시작하고 마무리하는 보통의 물리적, 디지털 환경에 대해 생각해보라. 동기를 부여하고, 집중력을 높이고, 기분을 좋게 만드는 것은 무엇인가? 의욕을 잃게 하고, 산만하게 만들고, 기분을 저조하게 만드는 것은 무엇인가? 좋은 것들을 주변에 더 많이 두도록 하라(19장 참조).

디지털 일정표의 혜택

정말 일정표만 있으면 된다. 종이 일정표로도 타임박싱이 가능하기는 하다. 하지만 실물 일정표로는 디지털 일정표의 여러 중요한 혜택을 누릴 수 없다. 디지털 일정표에서는 단순한 단어 검색만으로도 중요한 정보를 찾을 수 있다. 디지털 일정표는 암호와 비밀번호로 보호되며 백업이 되어 당신이 갖고 있는 다른 기기에서 동기화도 가능하다.

필수적이지 않은 항목들은 한동안 무시해도 된다. 많은 디지털 일정표에는 고급 기능들이 있지만 그런 기능을 사용하거나 사용해야 하는 사람들은 극소수다. 지금으로서는 무시하고 넘어가도록 하라. 현재는 타임박싱을 도와주는 소프트웨어도 있다. 이것 역시 지금은 넘어가자. 23장에서 다시 언급할 것이다.

이제 타임박스를 타임박싱한다

디지털 일정표를 연다. 당신의 생활에 맞추어 다음 날 아침, 보통 기상 직후에 '오늘의 타임박싱'이란 제목으로 15분 크기의 타임박스를 만든다. 주중에는 매일 타임박싱 시간을 마련해둔다. 그 뒤 그 시간을 이용해 매일 그날의 타임박스들을 만든다. 이것은 실행을 통해 배우는 몰입적인 경험이다.

□ ■ □ □

15분의 시간, 올바른 사고방식과 적합한 환경, 디지털 일정표가 있으면 타임박싱이 가능하다. 단, 올바른 타임박싱을 위해 필요한 것이 한 가지 더 있다. 널리 알려진 흔한 관행이지만 최근에는 비판을 받고 있는 할 일 목록이다.

☑️ 정리하기

☐ 타임박싱 계획을 시작하는 데에는 필요한 것이 많지 않다.

☐ 시작하는 데 필요한 것은 다음과 같다.

- 올바른 사고방식
- 적합한 환경
- 디지털 일정표
- 계획하는 15분의 시간

⏱️ 생각하기

☐ 사무실과 가정에서 현재 작업 환경을 살펴보라. 지금의 환경이 어떤 좋은 행동을 장려하는가? 지금의 환경이 어떤 나쁜 행동을 부추기는가?

☐ 매일 15분의 타임박싱 계획 시간을 갖는 데 가장 적합한 때는 언제인가? 당장 그 일을 하지 못하는 이유는 무엇인가?

☐ 디지털 일정표가 없다면 당장 하나를 준비하라. 있다면 사용 경험을 개선하는 여러 설정을 실험해보라.

10:**00**

할 일 목록

핵심어: **할 일**

목록

우선순위

기억을 돕는 수단

_____

_____

_____

_____

_____

_____

글자 수: 8,193

독서 시간: 13분

_____

○

○

○

○

○

○

○

○

○

○

○

이번 장은 이 책에서 매우 중요한 장들 중 하나다.

할 일 목록은 실행하고자 하는 작업을 개인적으로 정리해둔 것으로, 보통 기억을 돕는 수단으로 쓰인다. 일정표는 계획한 일들을 추적하기 위한 도구다. 타임박싱은 이 두 가지를 합친 것이다. 할 일 목록에서 적합한 항목을 골라 일정표에 배치해 일정에 맞추어 완료할 수 있도록 한다. 할 일 목록과 일정표는 이 책의 두 프리퀄 prequeal(유명한 책·영화에 나온 내용 이전의 일들을 다룬 속편-옮긴이) 이라 할 수 있다.

전체 인구의 3/4 이상이 할 일 목록을 관리하고 있다.[46] 하지만 나는 할 일 목록을 최적으로 관리하는 사람이 극소수라고 생각한다. 할 일 목록은 거의 항상 사적인 기록이기 때문에 다른 사람들이 무엇을 하고 있는지 확인하거나, 좋은 관행을 공유하거나, 반복하거나, 효과를 측정하기가 쉽지 않다. 이 주제에 관한 문헌(웹과 책)이 이런 상황을 반영한다. 할 일 목록에 대해서는 견실한 연구와 사고가 부족하며, 조잡하고 설득력이 부족해 보인다.

다른 장들보다 훨씬 긴 이번 장은 할 일 목록이 실제로 필수적이라는 것을 확인하고, 할 일 목록이 무엇이며, 어디에서 왔고 어디로 가는지 설명하며, 할 일 목록을 더 잘 작성하도록 돕는다.

반대 이유

요즘에는 할 일 목록이 소외당하고 있는 것 같다. 비판의 주된 이유를 이루는 것은 다음과 같다.

- □ 관리가 불가능하다. 성질이 전혀 다른 변화무쌍한 우리의 삶에는 할 일이 너무나 많다. 따라서 할 일 목록의 작성은 버겁고, 부담스럽고, 불가능하고, 심지어 칼 뉴포트(《딥 워크》의 저자)의 표현에 따르면 '비인간적'인 일이 된다. 이에 스트레스와 좌절감이 유발되고 모든 일에서 진전을 거의 보지 못한다.
- □ 비현실적이다. 할 일 목록은 우리 자신에 대한 비현실적인 기대치를 설정한다. 따라서 우리는 에너지를 다 잃거나 실패한

것 같은 느낌을 받는다. 자주 인용되는 통계는 할 일 목록의 41퍼센트가 완수되지 못한다는 것을 보여준다.[47]

□ 야망이 없다. 할 일 목록은 더 크고 광범위한 삶의 목표와 가치에 기여하기보다는 단편적이고 긴급한 작업에 초점을 맞춘다.

하지만 이런 반대는 할 일 목록을 제대로 관리하지 못했을 때의 이야기다. 칼, 자동차, 말 등 수많은 인간의 발명품이 비효과적으로, 잘못 사용되며, 심지어는 유해하게 사용되기도 한다. 이번 장에서는 제대로 작성된 할 일 목록이 위의 모든 반대 이유를 반박한다는 것을 보여줄 것이다.

필수 이유

할 일 목록은 비판을 방어할 수 있을 뿐 아니라 없어서는 안 될 필수적인 요소다.

할 일 목록은 자신의 의제, 선택, 주체성 등이 반영되는, 자신이 중요하다고 생각되는 항목의 목록이다. 이는 다른 사람이 보낸 메시지나 요청의 목록인 받은 편지함과는 정반대 위치에 있다.

할 일 목록의 가장 기본적인 기능은 기억을 돕는다. 정신없이 바쁘게 돌아가는 이 시대에 다음 생각, 메시지, 알림, 경험은 끊임없이 이전의 것을 몰아낸다. 우리는 망각에 대단히 취약하며, 사실이는 진화를 위한 기능일 수도 있다.[48] 쉽게 접근할 수 있는 간단한 할 일 목록은 작업을 잊지 않게 해준다. 또한 할 일 목록은 우리의 작업 기억이 잠시 쉬어가는 곳이기도 하다. 아이디어를 인지적 노력이 관여하는 곳에서 그렇지 않은 곳으로 옮김으로써 마음은 부담을 덜고 스트레스는 완화된다.

할 일 목록은 우리의 잠재력을 보여주는 것이기도 하다. 우리는 지구상에 있는 자유로운 영혼들에게 허락된 수많은 아이디어, 활동, 포부들을 조정한다. 할 일 목록의 항목들은 무한에 가까운 가능성으로 빛나는 할 수 있는 일 목록에서 비롯된 것이다. 그것은 우리의 포부와 역량을 정의한다.

대부분의 사람들에게 할 일 목록은 일과 삶의 필수적인 부분이다.

이렇게 필요한 것이긴 하지만 일을 만족스럽게 완수하기에는 할 일 목록만으로 충분치가 않다. 할 일 목록은 언젠가 해야 할 일을 결정하는 데 그치기 때문이다. 타임박싱은 이런 점을 보완해 미래의 특정 시점에 그 일들이 반드시 완료되도록 한다.

할 일 목록의 출처

할 일 목록은 타임박싱의 전제 조건이기 때문에, 그에 대해 잘 이해해야 한다. 연쇄적인 인과 관계를 따라 이런 질문을 해보자. 할 일 목록의 항목들은 어디에서 오는 것일까? 주된 출처는 다음의 다섯 가지다.

- 아이디어. 지난주에 누군가와 한 약속이 기억난다. 샤워 중에 좋은 아이디어가 떠오른다. 오랜 친구와 닮은 사람을 지하철에서 보고 그 친구에게 연락을 해봐야겠다는 생각을 한다. 공상에 빠져 있다가 창의적이고 유용할 수 있는 생각이 떠오른다. 우리의 두뇌는 끊임없이 움직이며 대개는 예측이 불가능하다. 우리 환경의 외적 자극 역시 대부분 예측할 수 없다. 따라서 우리가 마주하는 아이디어, 생각, 사건, 깨달음은 우리가 할 수 있는 일에 대한 풍성하고 기막히게 멋진 아이디어의 원천을 이룬다. 할 일 목록의 하위 목록으로 배워야 할 일 목록을 기록하기를 권한다. 거기에는 호기심은 있지만 당시에는 행동에 옮길 시간이 없었던 일들을 포함시킨다.
- 메시지. 우리는 하루에도 100통이 넘는 이메일을 받는다.[49] 메시징과 소셜 미디어 앱에서 오는 메시지를 합하면 또 비슷한 정도가 된다. 이 중 상당수는 자동 발송, 참조, 관련성이

없거나 무시해도 좋은 사소한 메시지다. 하지만 일부는 어느 정도 생각과 그에 상응한 조치가 필요하며 따라서 해야 할 일, 즉 할 일 목록의 후보가 된다. 사소한 일이라도 어떻게든 처리해야 할 필요가 있다면 이것 역시 할 일이 된다.

□ 회의와 대화. 우리는 업무 시간의 4분의 1을 회의로 보낸다. 우리는 매일 27번의 대화를 갖는다.[50] 다른 사람들과의 이런 실시간 상호 작용은 여러 가지 방식으로 업무를 만들어낼 수 있다. 상사가 작업을 맡길 수 있다. 이웃과 대화하다가 그 집 울타리 수리를 제안받을 수도 있다. 비즈니스 회의가 끝날 때면 일부 조치가 당신에게 할당될 수 있다.

□ 일 자체. 프레젠테이션 슬라이드를 완성하면 리허설이 필요하다는 것을 깨닫는다. 완료된 사업에 대한 분석서를 작성하려면 해당 시장에 대해 더 많은 조사가 필요하다는 것을 깨닫게 된다. 고객 관계 관리Customer Relationship Management, CRM 소프트웨어를 사용하다 보면 작성해야 할 항목이 몇 가지 있다는 것을 발견한다. 작업 관리 소프트웨어에 로그인하면 일련의 작업이 기다리고 있다. 일은 일을 낳는다.

□ 집안일. 세탁, 청소, 쇼핑, 공과금 납부, 요리, 자동차 관리, 집과 정원이나 텃밭 관리, 운동, 개인 건강 관리, 휴가 계획, 가족과 반려동물 돌보기, 쓰레기와 재활용품 버리기, 지역 공동체의 의무 등 개인적으로 처리해야 할 일도 많다. 이런 일들

은 대부분 정기적으로 발생하지만 예측하기 어려운 것들도 있다. 일부는 가족, 특히 함께 사는 가족과 관련된다. 모두가 해야 하는 작업이며, 좋든 싫든 반드시 완수해야 한다.

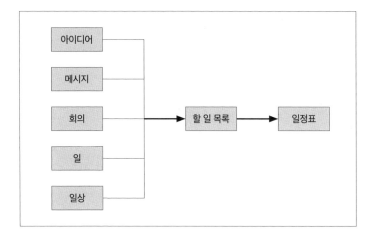

작업이 주로 발생하는 원천(위의 목록에 추가할 것이 있을 수도 있다)을 파악하고 그들이 할 일 목록까지 이르는 방식을 조정한다면 혁신을 이룰 수 있다. 많은 사람들의 경우, 작업의 원천과 할 일 목록 사이의 사슬이 끊어져 있다. 이는 일부 항목을 놓치고 완수하지 못한다는 의미다. 직장이나 가정에서 심각한 누락이 생기면 큰 대가로 이어질 수 있다. 놓치는 것이 없으려면 사슬에 끊어진 부분이 있어서는 안 된다. 사슬이 끊어지지 않도록 하려면 처음부터 모두를 살펴야 한다.

할 일 목록이 제공하는 것

할 일 목록은 일정표, 당신 타임박스의 내용을 제공하는 공급원이다. 타임박스를 계획할 때(짧은 시간, 디지털 일정표, 올바른 사고방식과 적합한 환경을 갖추고) 재료가 필요하면 바로 이 할 일 목록에서 재료를 얻는다. 타임박스에 내용을 채우고 하루를 보내면 할 일 목록도 효과적으로 돌보게 된다. 따로 노력할 필요 없다.

할 일 목록은 쓰레기통도 채운다! 우리가 생각하는 모든 아이디어가 가치 있는 것은 아니다. 실제로 아이디어가 할 일 목록에 오르는 시점과 우리가 실행하는 시점 사이에 세상이 변하면서 아이디어가 쓸모없는 것이 될 수도 있다. 할 일 목록에 있는 모든 것을 실천에 옮기겠다는 것은 잘못된 포부다.

할 일 목록을 잘 만드는 방법

수십억의 사람들이 할 일 목록을 사용하고 있는데도 불구하고 할 일 목록에 대한 공통의 생각과 모범 사례는 만족스럽지 못하다. 나는 필수적이지만 우리 모두가 간과하고 있는 이 활동을 개선했으면 하는 바람으로 기존의 자료들 일부를 읽고 타임박싱의 일부 요소를 끌어들여 이번 장을 썼다.

관리 가능한 단위로 나눈다

작업을 관리 가능한 단위로 나눈다. 물론 어떤 사람에게는 관리 가능한 것이 다른 사람에게는 아닐 수도 있다. 다만 작업들은 반나절 이내, 이상적으로 최대 두 시간 이내에 끝낼 정도가 적당하다는 데 합의가 이루어지고 있고, 나 역시 거기에 동의한다. 하지만 작업은 약속이나, 이전의 요청을 상기시키는 이메일을 보내거나, 집에 가는 길에 우유를 사는 등의 매우 작은 일일 수도 있다. 이 과정의 다음 단계인 타임박싱에서 작업을 더 나누거나 한데 묶을 기회가 있다는 것을 잊지 마라. 당장 모든 분할 작업을 해야 할 필요는 없다.

다시 목록을 봤을 때 무엇에 대한 것인지 기억할 수 있을 만큼 각 작업에 상세한 내용을 적어둔다('영적 투시 조사' 정도라면 바람직하다. '조사'라고만 적어둔다면 며칠, 아니 몇 시간만 흘러도 기억이 나지 않을 수 있다). 예상 기간, 중요도, 긴급성, 상·하위 작업, 협력자, 마감일, 최종 목적, 범주 등의 추가 정보를 적어둔다면 유용하겠지만 그것들은 필수 사항이 아니다.

작업의 순서를 정리한다

내용의 범주를 정하고(위 참조), 당신의 인생에서 가장 중요하다고 생각하는 것과 조화되는 방식으로 이것을 체계화한다. 예를 들어, 전 세계 12억 명이 위챗WeChat을 사용하고, 20억 명이 왓츠

앱WhatsApp을 사용하며, 50억 명이 SMS 메시지를 주고받는다. 약속을 지키고 작업에 착수하는 것을 잊지 않으려면 채팅 메시지를 작업으로 전환하는 시스템이 필요하다. 예를 들어, 조치가 필요한 메시지에 별표를 표시하거나 북마크를 해두고 그런 메시지를 언제 처리할지 타임박스를 마련한다(어쩌면 반복적으로). 요점은 이런 작업 생성 활동 범주에서 할 일 목록으로(그리고 다시 타임박스로) 이어지는 흐름을 만들어 연결이 끊어지지 않게 한다.

할 일 목록의 내용을 생성하는 다른 모든 작업 생성 활동에 대해서 그와 같은 시스템을 마련해야 한다. 기억을 믿지 마라. 기억은 때때로 실패로 이어지고, 그런 때는 극심한 혼란이 찾아올 수 있기 때문이다.

업무, 사회, 재정, 집안 관리, 가족, 개인 등으로 여러 개의 할 일 목록을 관리하는 사람들도 있다. 대개의 경우 이런 방식은 역효과를 낳는다. 작업의 중요성/긴급성을 다른 곳에 있는 여러 목록에 걸쳐 비교해야 하기 때문이다. 궁극적으로 우리 각각은 단일한 시간의 흐름을 따르는 단일 개체다. 따라서 할 일 목록은 모든 것을 포함하는 하나로 충분하다. 목록에 무엇이 있는지 잘 파악한다면 특히 더 그렇다.

항목을 적을 때는 행동을 나타내는 동사에 중점을 두어야 한다.

작업을 분류하고 중요한 순서에 따라 정리한다. 이것이 가장 중요한 부분이지만, 구체적인 분류 방법에 대해서는 의견이 나뉜다.

한편에서는(칼 뉴포트 포함) 비슷한 작업을 한데 묶어 한꺼번에 처리하고 그 뒤 휴식 시간을 두어 다음 작업 때까지 인지적 맥락을 전환해야 한다고 주장한다. 이 방법도 일리가 있지만, 긴급한 작업을 제때 처리하지 못할 수 있다는 단점이 있다(더 큰 묶음에 묻혀서). 다른 한편에서는(나를 포함) 작업을 긴급성이나 중요도에 따라 나누는 방법을 옹호한다. 다음은 가능한 작업의 긴 목록 가운데에서 선택을 할 때 사용할 수 있는 한 가지 방법(매우 간단한 알고리즘)이다.

□ 항목들을 스프레드시트에 붙여넣는다.
□ 각 작업에 대략적인 숫자 값(예: 1~10)을 배정하고 옆줄에 긴급성/중요성을 표시한다.
□ 그 줄의 숫자 값에 따라 순서대로 정리한다.
□ 위쪽에 있는 중요한 몇 가지 항목에 주의를 집중한다(심각하거나 중요하지 않은 항목은 아래쪽에).
□ 중요성이 어느 정도인지 알 수 없거나 변수가 크고 성가신 여러 항목들이 꼭 해야 할 일의 짧은 목록으로 바뀌면 안도감을 느낄 수 있다.
□ 중요하지 않은 여러 항목들은 적당히 처리한다. 삭제하거나 이후에 다시 검토할 일정을 잡는다(그 시점이 되면 중요한 항목이 될 수도 있다).

작업을 어떤 식으로 분류하는 것이 더 적절하고 자신에게 맞을지 생각하되, 어떻게든 정리가 필요하다는 것을 유념하라. 우선순위에 따라 정리해두지 않으면 항목들에 대해 계속 생각을 하고, 계속 목록을 보고, 또 다른 작업이 더 우월하지 않은지 의문을 갖게 된다. 순서에 따라 정리된 목록은 불안으로 가득한 선택의 부담을 없앤다. 또한 순서에 따른 목록은 한 번에 한 가지 일만 하는 것의 힘을 보여주는 또 다른 장치다.

필요치 않은 작업은 정기적으로 가차 없이 쳐내라(할 일 목록을 정리하는 자체를 타임박스로 만들 수 있다. 이를 위한 타임박스는 반복해서 일정표에 약속으로 넣는 것이 효과적이다). 할 일 목록에서 선택받지 못한 항목을 버리는 것(즉, 할 일 목록에서 선을 그어 '지움' 표시를 하거나 삭제하는 것)은 이 과정의 유익한 부분이다.

온라인에서 여행, 캠핑, 흥미로운 대화, 쇼핑, 집 청소, 이사, 면접 준비, 가정 안전, 주택 개조, 버킷 리스트 등에 대해 미리 만들어진 할 일 목록을 쉽게 찾을 수 있다. 다른 사람들의 좋은 생각과 공유된 모범 사례를 활용하라. 또는 생성형 AI에게 목록을 만들어 달라고 요청하는 방법도 있다.

메커니즘을 따른다

나는 할 일 목록이 디지털 형식으로 클라우드에 있을 때 가장 좋다고 생각한다. 이런 식으로 더 쉽게 링크를 걸고, 공유하고, 복사하고 붙여넣고, 백업할 수 있다(디지털 일정표 사용자가 누리는 여러 가지 장점들과 일치하는 부분이 많다). 목록이 어디에 있든 빠르게 접근할 수 있어야 한다. 생각이 떠올라서 적으려 하는 사이에 잊어버리는 일이 생기지 않도록, 마찰을 최소화해야 한다.

개인적으로 나는 내 모든 메모와 할 일 목록의 항목들을 하나의 구글 독Google Doc에 넣는다. 항목이 너무 많아 당황스러울 때는(휴가에서 돌아왔을 때와 같은 경우) 위에서 설명한 대로 할 일 목록을 스프레드시트에 붙여넣고, 가치를 정하고, 순서대로 정리하고, 타임박스를 배치한다.

꿈은 크게 갖는다

할 일 목록의 항목 대부분은 평범하다. 지금까지 이번 장에 제시한 대부분의 예처럼 말이다. 하지만 이렇게 할 일 목록을 제한하면 인생에도 한계가 생긴다. 꿈이 멀고 이룰 수 없는 것처럼 느껴지는가? 할 일 목록의 항목에 넣고 몇 개의 타임박스에 잘 배치하면 상황을 바꿀 수 있다. 새로운 언어를 배우고 싶든, 직업을 바꾸고 싶든, 대의를 위한 활동에 나서고 싶든, 더 친절한 사람이 되고 싶든, 할 일 목록을 행복한(일시적) 안식처로 삼는다면 작은 첫걸음을 내딛을 수 있다.

□ ■ □ □

할 일 목록은 방해가 아닌 도움을 주기 위한 것이다. 목록에 대해 지나치게 깊이 생각하거나 지나치게 복잡하게 만들지 마라. 모든 세부 사항을 기록하려 하거나 생산성 전문가라는 사람들이 임의로 정해둔 한계(하루의 항목에는 X개 이상-Y개 이하의 큰 작업을 둔다는 식으로)를 고수하려고 하면 이 중요한 습관을 이어가지 못할 가능성이 커진다. 이번 장에서 정말로 필수적인 것은 목록에 어떤 내용을 넣을지 살피고, 목록을 정리하고, 타임박스를 만들 때 목록을 사용하는 것이다.

☑️ 정리하기

□ 할 일 목록은 타임박싱의 필수 요소며 대부분의 사람들이 사용하는 도구다.

□ 할 일 목록에는 아이디어, 메시지, 회의, 일과 삶 등 다양한 내용이 포함된다.

□ 할 일 목록의 항목을 일정표의 타임박스(그리고 휴지통)로 옮긴다.

□ 다음은 할 일 목록과 관련된 좋은 관행이다.

· 관리할 수 있는 덩어리로 나눈다.

· 우선순위를 정한다.

· 불필요한 것들은 자주 쳐낸다.

· 디지털 할 일 목록을 사용하며 클라우드에 보관한다.

· 꿈을 갖는다.

🕐 생각하기

□ 할 일 목록에 넣을 활동의 범주에 대해 생각해보라. 이번 장에 나열된 것 외에 다른 활동이 있는가? 가장 할 일이 많은 활동은 무엇인가? 당신이 즐기는 활동은 어떤 것인가?

□ 할 일 목록을 채우는 개인적 체계를 개선할 수 있을까? 어떻게
   개선할 생각인가? 언제 할 생각인가?

□ 기존의 할 일 목록을 살펴본다. 당장 5분 안에 어떤 개선이 가
   능할까?

□ 어떤 것도 잊지 않는 것같이 보이는 사람이 주위에 있는가? 그
   런 사람들에게 할 일 목록을 어떻게 만들고 관리하는지 질문
   하라.

11:00

박스 만들기

핵심어: 묶음

한 회분

덩어리

메타데이터

핵심어

#해시태그

동사

이메일

글자 수: 5,141

독서 시간: 9분

왜 그 상자가 있는 거죠?

— 윌리엄 셰익스피어 **William Shakespeare**

(영국의 극작가, 《겨울이야기 **The Winter's Tale**》중에서)

우리에게는 할 일 목록이 있다. 좀 더 자세히 말하자면, 순서대로 정리된 크기가 다양한 작업들과 그것을 항상 최신으로 유지하는 빈틈없는 시스템이 있다.

이제 거기에 관련된 타임박스를 만들 준비가 되었다. 이번 장과 이후 두 개 장은 모두 타임박스를 만들고 배치하는 방법을 다루는 비교적 간단한 내용이다. 한편으로는 타임박스를 직접 만들기 직전이기 때문에(하루에 20개, 1년에 7,000개씩 수십만 개) 매우 중요한 시점이다. 힘을 실어줄 특별한 미래를 앞두고 있는 것이다.

타임박스를 만들 때의 목표는 실제 타임박스를 실행하는 시간을 생산적으로(빠른 시작, 순조로운 진행, 성공적인 완료) 만드는 것이다.

타임박스에는 무엇이 들어가나

어떤 종류의 항목이 타임박스에 들어갈까? 당신이 해야 하거나 하고 싶은 일이면 어떤 것이든 가능하다. 단, 관리 가능한 크기여야 한다. 타임박스의 내용이 되는 것은 10장에서 보았듯이 당신의 아이디어, 메시지, 회의, 업무, 일상생활에서 나온 할 일 목록의 항목이다. 할 일 목록의 항목은 묶거나(크기가 작은 경우) 나눠야(크기가 클 경우) 할 수도 있다.

타임박싱은 보통 다음 중 하나를 나타낸다.

- 타임박스 계획 시간 그 자체. 9장에서 설명했던 약 15분간의 시간 동안 앞으로의 하루에 대한 타임박싱을 한다.
- 작업. 아이들을 공원에 데려가기, 빨래 널기, 여자 친구와 점심 먹기, 보고서 도입부 쓰기, 평가서 검토, 사업 계획서의 수치 수정, 화요일 저녁에 쓰레기 버리기 등 타임박싱 시간에 계획한 활동을 말한다.
- 알림. 사람에게 연락하고, 메일로 약속이나 할 일을 떠올리게 하고, 선물을 구입하는 등의 활동을 말한다.
- 회의 준비. 앞두고 있는 회의를 중요하게 생각해야 한다. 그리고 모든 중요한 회의에는 준비를 갖춰야 한다. 시기적절한 타임박스는 혼자서 또는 다른 회의 참석자들과 회의를 준비

하고 알차게 이끌 수 있는 완벽한 수단이다. 일정표에 자리를 마련해 회의 준비를 유도해야 한다. 화요일에 타임박스 계획을 세우기 위해 자리에 앉았고, 수요일에 회의를 하기 위해 약간의 작업이 필요하다는 사실을 알게 되었다면, 화요일에 회의 준비를 위한 타임박스를 만든다.

☐ **통근 시간.** 어딘가로 이동하게 될 시간(그리고 아마도 다른 사람을 만나거나 그의 요청을 듣기 힘든 시간)을 일정표에 표시한다. 의도적으로 선택한(그리고 타임박스에 추가된) 오락거리나 교육으로 출퇴근 시간을 풍성하게 채우는 것도 생각해보라. 내 통근 시간 타임박스의 제목은 보통 '출퇴근/[특정 활동]'의 형식이다.

☐ **휴식 혹은 운동.** 휴식과 운동하는 시간을 상기시킨다. 다른 사람들에게 내가 언제 다른 일을 하고 있는지 알린다.

☐ **반복되는 회의.** 많은 회의가 규칙적으로 열린다(정당한 이유가 있는 것들도 있다). 이를 표시하기 위해서는 일정표에 반복 약속을 설정하는 것이 효율적이다. 미리 알림이 자동으로 설정되어 있더라도 우선순위를 낮추어서는 안 된다. 또한 반복되는 회의에는 반복되는 회의 준비가 필요할 수 있다.

☐ **개인 항목.** 우리에게는 업무와 업무 이외의 생활이 있다. 이것을 어떻게 구분하든, 각자가 살아가는 24시간 안에 들어가야 한다. 따라서 삶의 모든 영역에 대한 타임박스를 하나의 일

정표에 넣어야 한다(6장 참조).

함께 묶거나 작게 나누기

규모가 작은 작업이 있다. 세탁기를 돌리거나, 이메일을 확인하거나, 감사 문자를 보내는 데에는 몇 초밖에 걸리지 않는다. 하지만 이런 사소한 작업이 우리 삶에 큰 영향을 미칠 수 있다. 이런 사소한 작업은 타임박스를 배치하는 비용(시간과 귀찮음)을 정당화하기 어려운 경우가 많다. 이런 작은 항목들을 한데 묶어 처리할 가치가 있는 덩어리로 만들어 타임박스에 '잡일', '기타'와 같은 이름을 붙인 후 함께 처리하고 그 결과로 카타르시스를 즐기도록 하라.

가장 흔한 예는 이메일이다. 많은 생산성 전문가들은 하루 중특정 시간을 정해 이메일을 확인하고 답장을 함으로써 정규 업무일정에 방해가 되지 않도록 하라고 주장한다. 집중이 더 필요한 이메일도 있다. 이런 메일에는 별도의 타임박스를 두는 것이 타당하다(이런 경우 유용한 기록 만들기를 위해 단순한 '이메일'이 아닌 다른 구체적인 제목을 정하는 것이 좋다). 그 외의 이메일의 경우, 타임박스 시작 전에 받은 이메일의 수를 기록하고, 타임박스가 끝나면 이를 몇 개로 줄였는지 수를 기록해서 그 과정을 게임처럼 만들도록 하라(나는 이메일 [34] 〉 [18]와 같이 적는다). 관리 항목과 개인 항목도

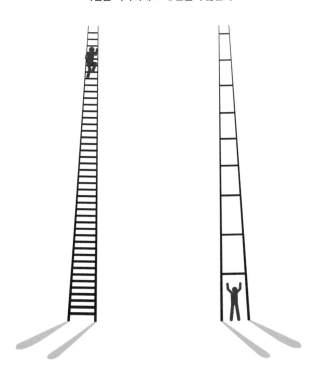

규모가 작을 때는 이렇게 한데 묶는 것이 좋다.

그 반대의 경우도 있다. 작업이 너무 큰 것이다. 위협적일 정도로 큰 규모의 일(차고 정리, 집안 인테리어, 사업 계획서 작성, 웹사이트 개선)은 어디에서부터 시작해야 좋을지 모를 때가 있다. 큰 작업은 작게 나눈다. 구체적으로는 전체의 큰 작업이 아닌 작은 단위(나음 장 참조)로 나누고, 이것에 대한 타임박스를 마련한다. 작업을 충분히 나누었는지 확인하는 방법은 각 타임박스에서 처음 하게 될 일이 무엇인지 정확히 파악할 수 있는지를 살피는 것이다. 예를 들어 타임박스가 '1층 진공 청소'라면 처음 할 조치가 차고에서 청소기를 가져오는 것일 테고, 타임박스가 '클라이언트에게 청구서 보내기'라면 첫 조치는 이메일에서 관련 청구서를 찾는 일일 것이다.

디스크립터 descriptor [정보의 분류·색인에 쓰이는 어구, 기술어-옮긴이]

타임박스에는 그리 많은 정보가 필요치 않다. 다른 모든 합의된 조치와 마찬가지로, 필수적인 것은 누가, 언제, 무엇을 했나에 한정된다. 당신의 타임박스고, 당신의 일정표고, 당신의 책무이므로 누구는 당연히 당신이고, 언제는 13장에서 다룬다.

'무엇'은 그 작업이 지연 없이 효과적으로 수행하는 데 충분한 제목과 설명을 말한다. 이름 염두에 두고 다음을 고려하라.

☐ 이름 붙이기(필수). 공유 일정표나 다른 사람들과 협업을 하는 맥락에서라면 이 일이 특히 더 중요하다. 이름을 보고 무엇에 대한 것인지 알 수 있어야 하고, 이상적으로라면 작업을 시작할 준비를 갖출 수 있어야 한다. 알아볼 수 있는 기술 용어, 행사의 이름, 특정 숫자 등 유용하고 생각을 환기시키는

단어를 선택한다. 동사의 사용이 효과를 내고 적절하고 좋은 '실행'의 에너지를 가져다줄 때가 종종 있다. 다음은 타임박스에 유용한 동사다.

> 검토하다, 수정하다, 이메일을 쓰다, 쓰다, 읽다, 요약하다, 전화하다, 생각하다, 고려하다, 브레인스토밍하다, 코딩하다, 계획하다, 분석하다, 준비하다, 확인하다, 검증하다, 질문하다, 완성하다, 개선하다, 설득하다, 응답하다, 확장하다, 증가하다, 조직하다, 계획하다, 제기하다, 구축하다, 결정하다, 개발하다, 평가하다, 축소하다, 통합하다, 종합하다, 보다, 듣다, 돕다, 이해하다, 배우다, 찾다.

□ 설명(선택). 설명은 거의 필요치 않다. '주짓수 수업', '오후 4시 회의 요약', '링크드인LinkedIn 프로필 개선' 등의 제목이면 시작하는 데는 충분하다. 더 자세한 내용이 필요한 경우, 굳이 타임박스에 적지 말고 출처 정보(웹사이트, 노트, 문서)에 대한 링크나 참조를 넣는 것이 좋다.

□ 색상 코딩(선택). 8장에서는 타임박싱을 통해 더 크고 의도적인 삶의 목표 쪽으로 나아갈 수 있다는 것을 살펴보았다. 활동마다 다른 색상을 부여하면, 일별, 주별, 월별로 각 활동에 얼마나 많은 시간을 할애하고 있는지 한눈에 알아보고 그 비율을 어떤 방향으로 조정할지 결정할 수 있다. 나는 타임박스를 네 가지 범주로 나눈다.

- 파란색: 일반 업무

- 녹색: 중요도가 높은 업무

- 노란색: 여가

- 보라색: 글쓰기

구글 일정표는 최근 타임 인사이트 기능을 통해 이런 유형의 분석을 훨씬 쉽게 만들었다.

타임 인사이트
(2023년 3월 20일~26일)

시간 분석

● 고부가가치	20.5시간
● 책	13.6시간
● 여가	17.7시간
● 기본	16.8시간
● 남은 시간	23.7시간

* 근무 시간을 기반으로

☐ 해시태그(선택). 3장에서 우리는 타임박싱이 기록 시스템의 역

할을 한다는 이야기를 했다. 이름을 지을 때 주의를 기울이고 일관성을 지킨다면 이 기록 시스템이 좋은 효과를 발휘하도록 할 수 있다. 유용한 용어들을 이용한 나만의 분류법을 마련하면 디지털 일정표에서의 간단한 검색만으로 #일대일 대화, #영업 기회, #야근, #프로젝트X 타임박스를 모두 찾아낼 수 있다.

☐ 이모티콘(당연히, 선택). 이상하게 생각하는 사람도 있겠지만 공감하는 사람도 있다. 타임박스의 맨 위에 이모티콘을 추가하면 그 타임박스를 시작할 때 기분이 좋아지는 효과를 볼 수 있다. 이런 방식이 마음에 드는 사람이라도 지속 가능한 최대의 효과를 위해서는 너무 남용하지 말아야 한다. 나 역시 이모티콘을 가끔 사용한다(생각에는 🧠, 통근에는 🚟, 개 산책에는 🐕, 아이를 돌볼 때는 👪, 뛰어난 시간 관리 방법의 중요성을 강조할 때는 ⌛).

타임박스를 만드는 데 실제로 걸리는 시간은 몇 초 정도로 매우 짧다. 따라서 그날의 타임박스 20개 정도는 15분 내외로 쉽게 만들 수 있다.

사례

아래는 바로 이번 장의 초안을 쓰던 날 오후의 내 타임박싱 일
정표다(대서양을 횡단하는 비행 중이었다). 오후의 타임박싱 자체에
는 10분이 걸렸고 그 시간은 점선으로 표시되어 있다(나는 그것을
정규 업무로 분류한다). 이후 13시 45분 활동에는 점심을 어디에서
받는지(45C 좌석으로 배달)와 점심을 먹으면서 들을 것(다운로드한
유튜브) 정도의 정보만을 적어두었다. 이후의 집필 활동에 대한 타
임박스를 실행할 때는 자료에 대해서 꽤 잘 알고 있었기 때문에(앞
서의 타임박스에서 대부분의 조사와 계획이 이루어진 상태였다), 한 단

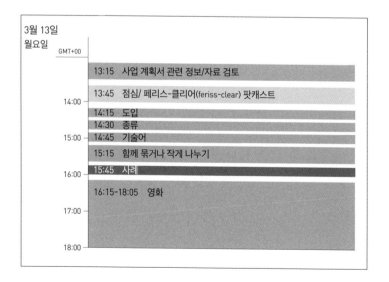

어로 된 제목(14:15, 14:30, 14:45, 15:15, 15:45에)만으로 1장의 초고를 쓰는 데 충분했다.

□ ■ □ □

만드는 시간은 얼마 걸리지 않지만 타임박스는 그 자체만으로 자부심을 가질 만한 작품이다. 실제로 공유 일정표를 사용하는 경우, 타임박싱 일정표를 다른 사람들이 볼 수 있다. 하지만 그렇지 않더라도 이것은 효과적인 개인 생산성 시스템이다. 타임박싱을 잘할수록 결과물도 좋아진다.

☑ 정리하기

□ 타임박스는 다양한 목적으로 사용할 수 있다. 근본적으로는 타
임박스에는 하루 전의 계획 타임박스(15분 혹은 30분)와 작업
자체를 설명하는 작업 타임박스, 이렇게 두 종류가 있다.

□ 타임박스에 넣기로 한 작업은 당황스러울 정도로 크거나 쓸모
없이 작지 않은 적당한 크기여야 한다.

□ 동사와 적합한 정보로 잘 설명한다. 제목이 핵심이다.

⏱ 생각하기

□ 당신이 기피하는 경향이 있는 작업은 어떤 종류인가? 그들이
공통으로 가진 특징은 무엇인가?

□ 당신이 앞두고 있는 대규모의 작업에 대해서 생각해보라. 어떻
게 하면 보다 소화하기 쉽고 의욕이 생기는 작은 조각으로 나눌
수 있을까?

□ 할 일 목록이나 타임박싱 일정표의 항목들을 살펴보라. 제목이
얼마나 유용한 정보를 주는가? 그들이 얼마나 영감을 주는가?
좀 더 열정을 기울여 설명한다면 어떨까? 반년이나 1년 뒤에

되돌아본다면 이해할 수 있고 도움이 될까?

☐ 이번 장의 색상 코딩 부분을 다시 읽어보라. 당신의 인생에서
가장 중요한 요소는 무엇인가(3, 4, 5개를 선택한다)? 그 요소들
에 시간을 어떻게 나누고 있는지 파악하고 있는가?

12:00
박스의 크기

핵심어: 추정, 관행

경험적 데이터, 표본 추출

외삽extrapolation(얻을 수 있는

한정적 자료 이상의 값을 얻고

자 할 때 쓰는 방법. 전의 경험

과 실험으로부터 얻은 데이터

에 비추어 예측해보는 기법-옮

긴이)

시간 감각, 선택의 역설

적은 것이 더 많은 것

글자 수: 4,116

독서 시간: 7분

사람들은 지금까지 한 것은 보지 못하고
앞으로 해야 할 것만 본다.
— 마리 퀴리 **Marie Curie**

작업 시간이 얼마나 걸릴지 어떻게 알 수 있을까? 작업 타임박스에 배분할 시간을 어떻게 짤까? 이것은 타임박싱에서 가장 흔하게 벌어지는 문제다.

까다로운 이메일에 답장하는 데에는 시간이 얼마나 걸릴까? 집 안의 침대 시트를 전부 바꾸는 데에는? 처남과 진지한 대화를 나누는 데에는? 프레젠테이션 슬라이드 서식을 다시 지정하는 데에는? 아니면 지난달의 매출을 분석하는 데에는?

타임박싱을 시작하려면 작업하는 데 얼마나 시간이 걸릴지, 타임박스의 크기를 얼마로 해야 할지 예측할 수 있어야 한다. 생각만큼 어렵지 않다.

예측이 쉽지 않아 보인다

예측이 어려운 것은 합의된 기준이 없기 때문이다. 타임박스의 크기를 너무 작게 혹은 너무 크게 하면 작업을 마치지 못하거나 제대로 하지 못해 좌절과 불만을 느끼게 된다. 타임박스를 지나치게 크게 만들면 시간은 낭비되고 생산성은 떨어진다. 그리고 여러 개의 누적된 타임박스로 이루어지는 보다 복잡한 프로젝트(집 전체에 페인트칠하기, 바이올린 시험 준비하기, 웹사이트 구축)라면, 부정확한 예측이 누적되어 심각한 결과를 낳을 수 있다.

더구나 우리에게는 인지적 편향에 빠져 작업에 필요한 시간을 과소평가하는 경향이 있다. 1977년 대니얼 카너먼Daniel Kahneman과 아모스 트버스키Amos Tversky가 설명한 계획 오류란, "지나치게 낙관적인 성과 시나리오에 의존해 작업을 완료하는 데 필요한 시간을 과소평가하는 경향"이다.[51] 작업에 포함된 단계를 고려하는 것은 간단하지만 차질(전화가 오거나, 서버가 다운되거나, 작업 내에서 예상치 못한 작업이 생기거나, 방문자가 노크를 하거나, 눈보라가 몰아치는 등)은 잘 상상하지 못한다.

어떻게든 골디락스(《골디락스와 곰 세 마리》에 등장하는 소녀의 이름 골디락스Goldilocks에서 유래한 말로 극단이 아닌 적정한 수준을 나타낸다-옮긴이)의 지점을 맞춰야 한다. 도대체 어떻게?

사실은 그렇게 어렵지 않다

타임박싱이 효과를 볼 정도의 정확도로 작업의 크기를 예측하는 것이 얼마든지 가능하다.

우리가 하는 대부분의 일은 의지할 수 있는 연관 경험이 있게 마련이다. 미래의 일정을 잡아야 하는 작업을 과거의 비슷한 작업들과 비교함으로써 뜻밖의 차질이 발생할 가능성과 확률을 감안할 수 있다. 우리는 길고 까다로운 이메일, 더러운 침대 시트, 심각한 대화, 다루기 힘든 프레젠테이션 슬라이드, 다듬어지지 않은 영업 데이터를 경험해본 적이 있고 처리하는 데 얼마나 걸렸는지 알고 있다. 물론 당장의 작업이 과거와 정확히 같은 경우는 드물다. 하지만 효과적인 타임박싱을 하는 데에는 대략의 추정치만으로도 족하다.

시간 감각을 개발한다

명확한 경험적 데이터를 이용해 작업에 얼마나 시간이 걸릴지 대강의 감각을 키울 수 있다. 평균적으로 우리는 1분에 250단어를 읽고, 1분에 한 통의 이메일을 처리하며, 3시간에 2,000단어를 쓰고, 4분 만에 식기세척기에서 접시를 꺼내고, 15분에 하루의 타임박싱을 처리하며, 30분이면 '제이미의 30분 요리Jamie's 30-Minute Meals' 중 하나를 조리할 수 있다.[52]

개인적으로 하는 몇 가지 활동에 걸리는 시간을 측정하면 보다 구체적이고 적절한 타임박싱이 가능하다. 다음의 일을 처리하는 데 얼마나 걸리는지 측정해보라.

□ 일상적인 조깅
□ 세탁
□ 샤워
□ 개 산책
□ 아이의 등교 준비
□ 블로그 게시물을 위한 조사, 작성, 편집
□ 회의 준비
□ 다섯 명의 잠재 고객에게 연락
□ 받은 편지함의 이메일 50개 처리
□ 회의 직후 메모 작성

일상의 활동 각각을 소요 시간으로 파악하면 드러나는 것이 있다. 그중 하나를 없애기로 결정하거나, 특정 작업의 속도를 높이기 위해 노력하거나, 효율을 떨어뜨리지 않고 동시에 진행할 수 있는 두 가지 활동(커피 한 잔 만들기+식기세척기 비우기 혹은 팟캐스트 듣기+조깅)을 합칠 수 있다. 하기 싫은 작업들을 얼마나 빨리 끝낼 수 있는지 알고 놀라는 경우도 있다. 이로써 작업이 덜 싫어질 수도 있다. 이런 식으로 작업과 시간을 정하면 타임박스의 크기를 더 잘 예측할 수 있다.

작업에 대해 확신이 없을 때라면 표본 추출이 도움이 될 수 있다. 80명의 지원자 이력서를 검토해야 하는데 이전에 이런 작업을 해본 적이 없다고 가정해보자. 타임박스의 시간을 마음대로 정해 틀리기보다는, 이력서 몇 개를 검토해 얼마나 걸리는지 측정한 뒤 외삽을 할 수 있다. 예를 들어 이력서 5개를 검토하는 데 15분이 걸렸다면 이력서당 3분인 셈이지만, 경험이 쌓이면 속도가 좀 더 빨라질 수 있을 테니 전체적으로 이력서당 2.5분, 즉 시간당 24개의 이력서를 검토한다고 추정하는 것이다. 이렇게 3시간이 조금 넘는 시간이 필요하고 한두 번의 휴식까지 고려하면 약 3.5시간이 필요하다는 것을 알 수 있다.

이 모든 것이 작업에 걸리는 시간에 대한 직감, 즉 시간 감각을 키우는 데 도움이 된다.

소, 중, 대 크기를 이용한다

타임박스는 세 가지 크기로 정해서 그것만을 이용하는 것을 추천한다. 소, 중, 대의 박스 중 결정하는 편이 여러 길이 중에서 고르는 것보다 훨씬 쉽다. 선택지를 줄여서 망설임의 고통(4분짜리 작업인가, 7분짜리 작업인가?)을 피하도록 하라. 참고로, 소프트웨어 개발에서 피보나치 수열(0, 1, 1, 2, 3, 5, 8, 13, 21, 34 등-수열의 다음 항은 이전 두 항의 합)을 사용해 작업의 크기를 측정하는 이유도 여기에 있다. 지나치게 많은 보기를 제거해 엔지니어와 제품 관리자가 불필요하게 많은 선택지 때문에 부담을 느끼는 일을 없애는 것이다.

어떤 크기를 선택할지 결정할 때 고려해야 할 몇 가지 요소가 있다. 장시간 집중하는 것이 힘들다면 작은 크기의 타임박스를 선택해야 한다. 업무가 자연스럽게 특정한 지속 기간에 맞춰져 있다면 그 방향에 맞추는 것이 좋다. 선택한 일정표 소프트웨어의 기본값을, 예를 들어, 20분이 아닌 25분으로 설정해 타임박스를 추가할 때마다 일정표에서 여러 번 조정해야 하는 번거로움을 피하도록 하라.

내 타임박스는 15분, 30분, 60분 단위의 소, 중, 대로 나뉜다. 15분 미만은 너무 짧아서 타임박싱을 할 의미가 없기 때문에(관리가 힘들고 오히려 일을 늘린다), 나는 그런 소소한 작업들을 한데 묶어 더 큰 규모의 타임박스를 만든다(앞장에서 설명한 것처럼). 한 시간 이상 걸릴 것 같은 작업은 부담스럽게 느껴질 가능성이 크다는 것을 알기 때문에 더 작은 단위로 나눠서 처리하는 것을 선호한다. 기본이 되는 타임박스는 30분 단위다. 포모도로는 25분이며, 구글과 마이크로소프트의 기본 일정표의 지정 길이(이 글을 쓰는 시점 기준)는 각각 25분과 30분이다. 많은 사람이 이렇게 쓰는 데에는 이유가 있고 이런 합의가 이루어졌다는 데에는 의미가 있다.

□ ■ □ □

깊이 생각하지 말고 일단 시작해보라. 타임박스의 크기를 처음부터 꼭 맞춰 예측할 수는 없으니 실수를 예상하고 수정하도록 하라. 초기에 작업의 크기를 과대평가하거나 과소평가한 경우, 범위를 조정할 수 있다(예를 들어, 모서리를 잘라 속도를 높이거나 세심하게 주의를 기울여 속도를 늦추는 등). 바로 이것이 타임박싱의 핵심 기능이다. 타임박스의 목표가 허용 가능한 수준(그 수준은 상향 또는 하향 조정할 수 있다)으로 작업을 마치는 것임을 유념하라. 대부분의 작업에는 시간이 얼마나 걸리는지 객관적으로 정해져 있지가 않다. 박스 크기 조정과 타임박스 설정에는 유연성이 가장 중요하다.

☑️ 정리하기

□ 타임박싱을 위해서는 작업에 걸리는 시간을 예상해야 하지만, 생각만큼 어려운 일은 아니다.

□ 가능한 현실에서의 경험에 주의를 기울여 계획의 오류(예상 밖의 일이 일어나는 차질을 과소평가하는 것)를 피한다.

□ 무슨 일을 하는지, 거기에 걸리는 시간이 어느 정도인지 관찰함으로써 시간 감각을 기른다.

□ 소, 중, 대 크기의 타임박스를 선택하고 그것만을 이용한다. 내가 추천하는 것은 15분, 30분, 60분 크기다.

⏱️ 생각하기

□ 일상에서 자주 하는 몇 가지 활동을 나열하고 그 활동에 걸리는 시간을 예상한다.

□ 이번에는 실제로 이 활동을 하는 데 걸리는 시간을 측정하는 방법을 찾는다. 놀라운 일이 있는가? 어느 정도의 효율을 달성할 수 있는가?

□ 다음 장을 읽는 데 얼마나 걸릴까? 시간을 측정한다. 추정치와 비교해보라.

13:00

박스 배열

핵심어: 배치

연속

순서

우선순위

에너지

당신에게 달려 있다

상황을 직면하다

글자 수: 7,261

독서 시간: 12분

소망하는 것에는 계획하는 것만큼의 에너지가 필요하다.

— 엘리너 루스벨트 Eleanor Roosevelt

(미국 제32대 대통령인 프랭클린 루스벨트 아내)

작업을 택하고, 타임박스를 만들고, 크기를 정했다. 이제 일정표의 어디에 배치해야 할까?

물론 복잡하게 얽히고설킨 현실 세계에서는 딱 떨어지고 명료한 답이 없다. 실제로는 작업을 선택하고, 평가하고, 크기를 조정하고, 다시 평가하고, 순서를 정하고, 순서를 바꾸고, 크기를 바꾸는 등의 연속적인 과정이 속사포처럼 이어질 것이다. 그럼에도 불구하고 일정표의 어디에 타임박스를 배치하는가의 문제는 대개 타임박스를 만들고 크기를 정한 후에 발생한다.

할 일 목록에서 우선순위를 정했다면 어떤 작업을 먼저 살펴야 할지 이미 알고 있다. 할 일 목록의 우선순위는 업데이트가 필요한 경우가 많다. 하룻밤 사이에 상사가 재촉하는 업무가 생길 수도 있다. 새로운 비 예보 때문에 야외 행사를 취소해야 할 수도 있다. 목록 아래쪽에 있는 항목의 실행이 급히 필요한 사람이 있다는 사실이 기억날 수도 있다. 할 일의 우선순위는 타임박스 순서를 정하기 전의 어림짐작에 불과하다.

점점 더 많은 사람들이 근무 시간과 장소를 유연하게 택할 수 있게 되면서, 언제 무엇을 할 것인지, 즉 타임박스를 어디에 배치할 것인지에 대한 선택의 폭이 넓어졌다. 타임박스의 순서를 결정할 때에는 다음의 네 가지 기존 약속, 종속성, 심리, 에너지를 고려해야 한다.

기존 약속

첫 번째는 기존 약속이다. 일정표에는 이미 자리를 잡고 있는 약속들이 있다. 대부분은 회의다. 처음에는 이런 기존 약속을 중심으로 타임박스를 배열한다. 이후 몇 주 동안은 주도적 작업의 타임박스를 배치하고 싶은 때를 정하고 그 시간을 피해 회의를 배치하면서 이런 역학 관계에 대항해보라. 물론 항상 가능한 일은 아니다 (고정된 자원봉사 약속, 융통성이 없는 고객, 다른 시간대에 있는 동료, 시간이 부족한 상사와의 일대일 면담 등). 하지만 하고 싶은 일을 할 시간을 선택하는 것은 주체성을 되찾고 일과 삶에 대한 책임감을 느끼는 데 중요한 부분이다. 이런 생각을 토대로 금요일 오후에는 회의를 하지 않겠다고 사람들에게 알리는 것은 어떨까? 이를 알리는 가장 효과적이고 효율적인 방법은 일정표에 그 시간을 입력하는 것이다.

종속성

대부분의 작업은 고립된 섬이 아니라 서로 연관되어 있다. 휴가 전의 숙소 예약, 회의 전의 회의 준비, 글쓰기 전의 조사, 프레젠테이션 전의 리허설, 고용 전의 팀 상담, 생일 전의 선물 구입 등의 관계는 종속성의 형태를 띠는 경우가 많다. 종속성이 있고 선행 작업과 후속 작업의 개념이 있는 경우, 타임박스의 순서는 당연히 그것을 반영해야 한다. 종속성에는 여러 가지 유형이 있다.

중요한 결정

중요한 의사 결정은 관련성이 높은 좋은 품질의 정보에 큰 영향을 받는다. 이런 정보에는 데이터뿐 아니라 적절한 사람들과의 대화도 포함되어야 한다. 가능하다면 정보를 모으고 의사 결정을 하기까지는 적어도 하룻밤 정도 원기를 회복시키는 충분한 수면을 포함시킬 방법을 찾는 것이 좋다. 예를 들어, 중요한 역할을 맡을 사람을 채용한다고 가정해보자. 강력한 후보는 두 명으로 좁혀졌는데 두 후보가 막상막하라면, 직무 분석표, 평가 기준, 면접 평가, 제출된 업무 포트폴리오, 온라인 프로필을 모아 정보를 확인해야 하는 모든 사람이 모여 결정을 하는 때로부터 하룻밤이나 이틀 밤 전에 배포하도록 한다. 따라서 정보 수집과 배포를 위한 타임박스를 앞세우고 그 뒤에 의사 결정 포럼을 위한 후속 타임박스를 두어야 한다.

회의 준비

회의는 흔한 일이다. 이런 빈도 때문에, 즉 회의의 중요성이 아닌 빈도 때문에라도 회의 준비는 큰 의미를 갖는다. 5분이라도 회의 준비를 한 사람과 그냥 회의에 참석하는 사람 사이에는 뚜렷한 차이가 생긴다. 준비된 사람은 다른 모든 참가자의 이름이 익숙하고, 지난 회의가 언제 있었는지 알고, 지난 회의에서 취한 조치에 대해 파악하고, 달성하고자 하는 목표가 무엇인지 더 명확하게 인지하고 있을 가능성이 높다. 회의가 반복되다 보면 사람들은 준비에 소홀해지는 경향을 보이며, 시간이 지날수록 회의의 의미는 퇴색된다. 하지만 반복적인 회의가 존재하는 데에는 이유가 있다. 즉, 일정 집단의 반복적인 관심이 필요한 현안이 존재한다. 반복되는 일이 있기 몇 시간 또는 하루 전에 타임박스를 미리 배치하면 회의를 무시하는 이런 비생산적인 경향에 맞설 수 있다(생일이나 기념일처럼 잊기 쉬운 연례 이벤트에 특히 효과적이다). 일관성 있고 철저하게 회의를 준비하는 것은 드문 행동이므로, 타임박스를 마련해 회의를 준비하는 습관을 키운다면 당신은 더 높은 성과를 내고 더 신뢰할 수 있는 동료, 친구, 자녀가 될 것이다. 타임박싱이 체계적으로 미리 미래를 내다보고 준비할 수 있게 해준다.

업무 외적인 만남도 준비하는 것을 고려해보라. 시댁 혹은 처가에 들러 인사를 드리기로, 이웃 어른과 차 한잔하기로, 오늘 밤 8살 난 딸과 함께 그림을 그리며 시간을 보내기로 약속했다고 가정해보자. 이런 만남에 준비가 되어 있는가? 15분간의 준비 타임박스를 마련해서 그 시간 동안 다음 만남에서 상대의 상상력을 자극할 수 있는 것들을 떠올리는 것은 그 어떤 것보다 좋은 일이 될 수 있다. 이런 기회는 놓치기가 쉽다. 8장에서 이야기한 인생의 후회스러운 일들을 다시 생각해보라.

협력의 종속성

누군가 당신에게 필요로 하는 것이 있다고 가정해보자. 당신이 그 바람을 충족시키고 싶다면, 언제까지 필요한지 묻고, 지금부터 그 시기 사이에 타임박스를 마련한 뒤에, 타임박스를 만들었고 그 타임박스가 언제 배치되어 있는지 알려라. 상대는 그에 대해 고마워할 것이다. 반대로 상대로부터 필요로 하는 것이 있다면, 언제까지 필요한지 구체적으로 말해주고 상대방이 언제 그 일을 할 작정

인지 물어라. 너무 직접적으로 보이는가? 하지만 실제로는 지극히 합리적인 요청이며 협력의 타임박싱이 가진 네트워크 효과를 달성하기 위한 수단이다. 회사 전체에까지 영향을 미칠 수는 없더라도 가족이나 팀 정도에는 영향을 줄 수 있다.

약한 종속성

때로는 두 가지 사건이나 작업이 관련되어 있기는 하지만 강한 종속성이 없는 경우도 있다. 예를 들어, 보고서를 작성하기 전에 동료와 단둘이 대화를 나누거나, 헬스장에 가기 전에 새 운동화가 도착하거나, 환경에 대한 의식이 강한 상사와 점심을 먹기 전에 소매업의 지속 가능성에 관한 보고서를 읽는 것은 좋은 일이다. 이런 경우, 앞선 사건과 후속 사건 사이에 강한 종속성이 있는 것처럼 타임박스를 마련해보라. 정보, 사건, 사람, 업무 사이의 연결은 다채롭고 복잡하며, 이런 태도는 삶을 흥미롭게 만들고 타임박스를 예술의 경지로 끌어올린다. 자신이 하는 일을 주도적으로 구조화하고, 준비하고, 순서를 정함으로써 의식적인 경험의 올바른 설계자가 될 수 있다.

기억의 환기

아무리 생각해봐도 소소한 항목들을 제때 기억하는 데 일정표에 타임박스를 배치하는 것보다 좋은 방법은 떠오르지 않는다. 중요성이 떨어지는 기본적인 일, 타임박싱이 아니라면 결코 일어나지 않을 일이라면 특히 더 그렇다. 친구가 다음 금요일에 구직 면접을 봐야 하는데 그날 아침에 행운을 빌어주고 싶다는 생각이 떠올랐다고 가정해보자. 그 일을 잊지 않으려면 어떻게 해야 할까? 가끔은 기억해야겠다고 생각해두는 것만으로도 성공할 수 있다. 할 일 목록에 추가하는 방법도 있지만, 금요일 전에 할 일 목록을 보지 않는다면? 휴대폰에 알람을 설정할 수도 있지만 이것은 일정표 관리 외에 또 다른 관리 작업을 추가하는 일이 된다.

더 나은 방법은 금요일 이른 아침 일정표에 작은 타임박스를 만드는 것이다. 이것은 성공을 보장하는 실질적인 방법이다. 당신의 친절한 마음은 긴장하고 있는 친구에게 따뜻함과 용기를 선사할 것이다. 타임박싱은 그 작업이 적절한 때에 당신의 주의를 끌 수 있도록 보장한다(할 일 목록은 언젠가 주의를 기울이도록 해줄 뿐이다). 이런 종류의 기억 환기 장치(이 경우 친구의 면접을 상기시키는)는 직접 타임박스를 만들 필요가 있는 일도, 타임박스를 만들고 싶은 일도 아니라는 데 주목하라. 이런 일은 일정표 외부, 즉 직접적인 세계 바깥에 있는 것에 종속되어 있다.

스스로 정한 마감

마감일은 작업의 필수 요소다. 마감이 없는 작업은 종료 시간이 없는 회의처럼 불완전하다. 적절한 타임박싱을 위해서는 마감이

명확하게 소통되어야 한다. 상대적인 긴급성을 알지 못하면 타임
박스를 합리적으로 배열할 수 없다. 우선순위를 정할 수 없는 것이
다. 그럼에도 불구하고 긴급도가 명시되지 않는 때가 있다. 주로
독서, 학습, 아이와 놀아주기와 같이 협업이 아닌 프로젝트의 경우
가 그렇다. 이런 때는 제약을 부과해야 한다. 얼마나 많이, 얼마나
자주 이 작업을 실행하고 싶은지 생각해보고 원하는 범위와 빈도
로 일정표에, 삶 속에 배치한다. 타임박싱을 통해 중요하지만 긴급
성이 떨어져서 늘 소홀히 방치되던 작업이 마침내 부각되어 관심
을 받게 된다.

　타임박싱 일정표는 이 모든 유형의 종속성을 완벽하고 실용적
으로 시각화한다. 후속 작업(역설적이게도 일정표에 가장 먼저 들어가
는 경향이 있음)을 확인하고 선행 작업이 있어야 하는지, 그렇다면

세 가지 종속성의 시각화

둘 사이의 간격을 얼마나 두어야 하는지 결정할 수 있다.

심리

많은 생산성 향상 도구들이 '어려운 일을 먼저 하라'고 주장한다. '이를 악물고 고통을 참아라bite the bullet', '대가를 미리 지불하라pay the price upfront', '개구리를 삼켜라eat the frog', '무서운 시간scary hour', '난제에 과감히 맞서라face the music'(내가 가장 좋아하는 것) 등의 문구가 이런 생각을 담고 있다. 하지만 이와 정반대인 '빠른 승리quick-win 접근법'도 있다. 우선 규모가 작은 작업을 완성함으로써 하루의 추진력을 얻는 것이다.

개인적으로 나는 크거나 어렵거나 부담이 큰 작업들부터 시작하는 것을 선호한다. 하루가 점점 쉬워진다는 느낌이 좋고, 이런 식으로 걱정하는 시간을 줄일 수 있기 때문이다. 과학적 증거는 나뉘고 있지만 전반적으로 이 접근법에 더 우호적이다.[53] 따라서 이런 일반적인 주장과 연구에 대해 생각해보고 어려운 작업을 먼저 처리하는 것과 이후에 처리하는 것 중 자신에게 가장 적합한 방법을 결정하라.

에너지

에너지의 수준 역시 한 가지 요소다. 실제로, 시간 관리가 아닌 에너지 관리에 대해 이야기하는 것을 더 좋아하는 전문가들도 있다.

에너지 수준에 대한 진부하지만 흔한 사고방식이 있다. 일찍 일어나는 새와 올빼미족이라는 이분법이다. 각자의 일주기성 리듬과 호르몬 생산 및 신진대사 속도는 모두 다르다. 당신은 일찍 일어나는 편인가? 일찍 일어나서 바로 활동하는가? 새벽의 평온(소음이 들리거나, 전화, 알림이 올 가능성이 낮은) 속에 있는 것을 좋아하는가? 그렇다면 당신의 타임박스를 일정표의 더 이른 시간대에 두어 좀 더 일찍 더 많은 일을 할 수 있도록 해야 한다. 물론 그 반대도 마찬가지다. 다만 일찍 일어나는 새가 누릴 수 있는 몇 가지 장점이 있다는 것은 알아두도록 하라. 올빼미족은 사망률이 약간 더 높으며,[54] 사회 역시 일찍 시작하는 것을 중심으로 구조화되어 있다. 따라서 선택이 가능한 경우라면(80퍼센트의 사람들은 선택이 가능하다[55]) 일찍 일어나는 쪽이 유리하다.

에너지는 기분과도 관련이 있다. 소매를 걷어붙이고 헤드폰을 끼고 단조로운 일 더미를 헤쳐 나갈 준비가 되었나? 아니면 창의적인 일을 하고자 하는가? 사교 활동을 하거나 조용한 하루를 보내고 싶은가? 어떤 에너지 수준에 어떤 종류의 일이 적합한지 파악하는 기술이 필요하다. 스티브 잡스는 이 기술을 상당히 중요하게 여겼다고 한다.[56] 운동, 명상, 바람 쐬기, 찬물 샤워, 휴식과 같은 활동은 잠시 동안이나마 에너지를 북돋울 수 있다. 따라서 에너지를 끌어올리는 타임박스를 전략적으로 배치해 필요할 때 활기를 불어넣도록 하라. 반대로, 긴 회의, 대중 연설, 어려운 공부를 한 날 등 에너지가 고갈될 가능성이 높은 때에는 심리적으로나 정서적으로 부담이 큰 작업은 하지 않는 것이 좋다.

에너지 수준을 모니터링하고 조절하는 것이 가능하고 때로는 바람직할 수도 있다. 자신의 상태를 자주 확인하고 면밀히 관찰하라. 지금 내 기분은 어떤가? 내 에너지 수준은 높은가 낮은가? 에너지 수준이 높아지고 있는가 낮아지고 있는가? 이후 음료(커피, 차, 물), 명상, 호흡 훈련, 운동, 휴식, 산책 등과 같은 변화를 주어야 할지 생각해보라.

잘했어!

온전한 타임박싱으로 채운 하루를 만드는 초기 훈련은 이제 마무리됐다. 이번 장의 초고를 쓴 날, 내 타임박싱 일정표는 다음과 같은 모습이었다.

일정표를 꽉 채운 타임박스를 처음 마주하면 겁을 먹는 사람들이 있다. 그들은 그것을 악몽이라고 부른다. 사실, 가득 찬 타임박

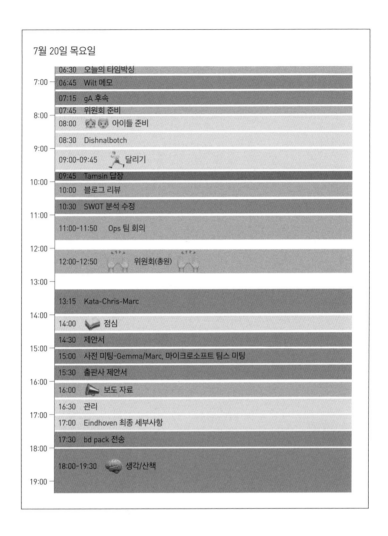

7월 20일 목요일

06:30	오늘의 타임박싱
06:45	Wilt 메모
07:15	gA 후속
07:45	위원회 준비
08:00	아이들 준비
08:30	Dishnalbotch
09:00-09:45	달리기
09:45	Tamsin 답장
10:00	블로그 리뷰
10:30	SWOT 분석 수정
11:00-11:50	Ops 팀 회의
12:00-12:50	위원회(총원)
13:15	Kata-Chris-Marc
14:00	점심
14:30	제안서
15:00	사전 미팅-Gemma/Marc, 마이크로소프트 팀스 미팅
15:30	출판사 제안서
16:00	보도 자료
16:30	관리
17:00	Eindhoven 최종 세부사항
17:30	bd pack 전송
18:00-19:30	생각/산책

스는 악몽이 아니라 악몽에서 벗어날 수 있는 유일한 탈출구다. 위에 보이는 하루는 할 일이 대단히 많다(대부분은 저렇게 꽉 차 있지

않다). 하지만 어느 때이든 해야 할 일은 단 한 가지다. 여기에는 한 번에 한 가지 일을 하는 것의 평안과 힘이 있다.

하루 동안의 타임박스를 만들고, 크기와 순서를 정했다면 잠깐 계획해둔 하루를 살피며 감탄하는 시간을 가져보라. 계획한 대로 모든 일이 진행되면(이제는 그럴 가능성이 상당히 높아졌다) 좋은 하루를 보내게 될 것이다.

□ ■ □ □

타임박스의 순서는 매우 중요하다. 자신의 성격, 심리, 에너지를 고려해 합리적으로 정리해야 한다. 하지만 타임박스는 무쇠로 만들어진 것이 아니니 너무 불안해할 필요가 없다. 내 경우, 우선순위가 바뀌거나 예기치 못한 일이 생기면 일과 중에 한두 개의 타임박스를 옮긴다. 문제될 것은 없다. 몇 초밖에 걸리지 않는 일이고 이 모든 것이 과정의 일부이기 때문이다.

☑ 정리하기

□ 작업을 선택하고 크기를 정한 후에는 일정표의 어디에 배치할
지 결정해야 한다.

□ 일정표에 타임박스를 넣는 순서를 결정할 때는 기존 약속, 종속
성, 심리, 에너지 이 네 가지 사항을 고려해야 한다.

□ 우선순위가 바뀌면 타임박스를 조정할 수 있지만, 이것은 규칙
이 아닌 예외다.

⏱ 생각하기

□ 어려운 일을 먼저 하는 것을 선호하는가 아니면 뒤에 하는 것을
선호하는가? 다른 대안을 실험해본 적이 있는가?

□ 타임박스를 만들고, 크기를 정하고, 순서에 따라 배치하는 방법
중 가장 이해가 안 가는 것은 무엇인가?

□ 사랑하는 가족(연인, 친구 등)을 생각해보라. 그들은 당신과 어떤
이야기를 하는 것을 좋아하는가? 당신은 그들과 어떤 이야기를
나눌 때 가장 즐거운가?

□ 사랑하는 가족(연인, 친구 등)과 위와 같은 주제를 다섯 가지 떠
올리고, 휴대폰에 저장한 다음, 타임박스를 만들어보자.

□ 그리고 사랑하는 가족(연인, 친구 등)을 만나기 직전에 (종속성을
기억하라!) 그 메모를 검토하라.

08:00

TIMEBOXING

3부

실행하라

3부에서는 각 타임박스의 시간에 이 방법을

최대한 활용하는 방법을 이야기한다.

시작하고, 빠르게 움직이고,

눈에 보이는 것을 만들어내고,

수천의 방해 요소가 당신의 문을 두드려도

현재 하는 작업에 온전히 집중한 상태를 유지한다.

14:00
타임박싱의 시작

핵심어: 실천을 통한 학습

적용

몰입형

주목

관찰

글자 수: 3,377

독서 시간: 6분

당신의 이야기다.

— 오라스 Horace (프랑스의 극작가 피에르 코르네유의 운문비극)

지금부터 몇 초 안에 본격적으로 타임박싱을 시작하라. 하지만 어떻게? 책을 읽고 있는데? 문제없다!

14장은 읽는 타임박스를 만든다. 이것은 표준적인 타임박스는 아니지만(할 일 목록에서 가져온 것이 아니므로), 충분히 가치 있는 경험을 제공하고 지금까지 배운 내용을 재확인해 다음 장에 더 많은 관련성을 불어넣는다.

먼저, 바로 앞 세 개 장에서 살펴보았듯이 타임박스를 만들고, 크기를 정하고, 순서를 정해야 한다. 이번 장은 3,377개의 글자로 구성되어 있으며 읽는 데 6분이 걸린다. 하지만 읽다가 한두 번우 멈추고, 읽고 있는 것에 대해 생각해볼 수도 있고, 장의 중간에 연습 문제가 있으므로 15분짜리 타임박스를 만들기로 하자. 지금 몇 시인가? 그럼 타임박스의 제목은 '14장 읽기'고, 지금부터 시작해서 15분 후에 끝난다. 방금 타임박스를 만들고, 크기를 정하고, 배치할 곳도 정했으니 계획이 완료되었다. 이제 당신은 중요한 가상의 선을 넘어 타임박스 안으로 들어갈 준비가 되었다.

이렇게 당신은 타임박스 안에 들어오게 되었다. 당신은 이제 타임박싱을 실행하고 있는 것이다. 따라서 당신은 이 책을 선택한 목표 중 하나를 이루는 데 성공한 것이다.

다른 모든 것은 제쳐둔다. 다음 몇 분 동안은 이번 장의 남은 페이지에 집중하는 것이 중요하다.

당신은 이제 이야기 속으로 들어왔다

《네버엔딩 스토리The Never-Ending Story》, 《무한한 흥미Infinite Jest》, 《어느 한 겨울밤 네 명의 여행자If on a Winter's Night a Traveller》와 같은 모험 문학 장르를 비롯해 뛰어난 상상력을 보여주는 영화나 소설은 독자를 서사 속에 엮어 흥미를 돋우고 재미를 선사한다. 당신도 시도해보기를 바란다.

실천하면서 배우다

내가 이번 장에서 몰입형 접근법을 택한 것은 학습보다 실천을 통해 더 많은 것을 배울 수 있기 때문이다. 더 정확히 말하자면, 학습 효과는 이론과 실행을 혼합할 때 가장 높다.

성인 교육계에는 70:20:10이라는 학습 이론이 있다. 이 이론에 따르면 학습의 70퍼센트는 직무 관련 경험, 20퍼센트는 동료와의 상호 작용, 10퍼센트는 공식적인 교육을 통해서 이루어진다. 이 수치는 정확하지도 않고, 중요하지도 않다. 중요한 것은 신경의 재배선 중 많은 부분(실제로는 대부분)이 이론을 적용할 때 일어난다는 것이 일반적인 믿음이라는 점이다.

따라서 타임박싱을 실천해야 한다. 타임박싱에 대해 읽는 것에 그치지 마라. 경험을 통한 감정적 강화와 동기 부여에 익숙해져야 한다.

시작은 작은 타임박스부터

작은 것부터 시작했다. 짧은 한 개 장을 읽는 것이었고 당신은 이미 3분의 1을 읽었다.

이 타임박스 이후 몇 개의 타임박스에서는 작업의 관리 가능성을 비슷한 수준으로 유지하는 것이 좋다. 지금, 그렇다. 이 14장 타임박스에 있는 동안, 다음 타임박스의 크기는 어느 정도면 적당할지 생각해보라. 다음과 같은 아이디어가 떠오를 수 있다.

- 15분짜리 단일 타임박스 하나로 묶을 수 있는 사소한 작업 몇 가지가 있는가? 어떤 것인가? 지금 실행하라. 지금 그것들을 할 일 목록의 맨 위로 옮겨라. 더 좋은 방법은 그 소소한 작업들을 다루는 타임박스를 만드는 것이다.
- 다음 주에 중요한 회의가 있는가? 그중 하나를 고르고 회의 전에 준비를 위한 15분 혹은 30분짜리 타임박스를 만들어라. 혹은 정기적으로 열리는 중요한 회의를 찾아 그 회의 조금 전에 정기적인 타임박스를 만듦으로써 계속 타임박스의 혜택을 누릴 수 있도록 하라.
- 오후 전체에 대한 타임박싱을 해보는 것은 어떨까? 지금이 화요일 오전이고 목요일 오후가 비교적 한가하다고 가정해보자. 지금 그날 오후를 채울 몇 가지 작업의 타임박스를 만들어라. 그리고 화요일에 목요일 오후의 타임박스를 만드는 것 자체를 루틴으로 삼을 수도 있다. 이후 그 화요일 활동을 매주 반복되도록 설정한다.
- 혹은 일주일에 걸친 도전을 시도해보라. 일주일 동안 매일 몇 개의 타임박스를 계획하고 실천하는 것이다. 이 책의 남

은 10개 장을 읽을 수도 있다. 도전을 한 달로 연장할 수 있을까?

지금 책 읽기를 멈추고, 할 일 목록을 검토하고 몇 분 동안 일정표에 작은 타임박스 몇 개를 추가한 뒤에 이번 장을 마저 읽도록 하라.

무엇에 주목해야 하는가?

이번 장의 타임박싱이 계획대로 전개된다면, 당신은 삶의 주역이라는 자신의 역할을 고려하고, 실천을 통해 배운다는 생각을 받아들이고, 책을 내려놓고, 일정표에 타임박스를 추가하고, 책을 다시 집어 들었을 것이며, 아직 이 타임박스의 시간은 5분 정도 남았을 것이다. 정확히 그런 상황이라면 운이 좋은 사람이고 타고난 재능이 있는 사람이다.

그렇지 않다 해도 당신은 운이 좋다. 깊이 생각해볼 만한 완벽한 재료를 갖고 있기 때문이다. 당신을 잘못된 방향으로 이끈 것은 무엇인가? 연결 고리를 따라가 보라. 혹시 주의가 산만해졌나? 무엇 때문에? 집중을 방해하는 외부 요소가 있었나? 아니면 내면의 생각 때문이었나? 정확히 그 때문이라고 확신하는가? 혹시 그 이

전에 집중력을 잃은 것은 아닌가? 집중을 방해하는 요소를 피할 수 있었나? 어떻게 하면 앞으로 그런 방해를 피할 수 있을까? 18장에서 이 아이디어들에 대해 더 자세히 살펴보자.

□　□　■　□

이제 타임박싱의 끝이 다가오고 있다. 심호흡을 하고 천천히 주변 환경과 하루의 다른 책무들로 주의를 돌려보자. 이 방법의 여러 이점을 인정하고 하루 종일 평온함, 명료함, 생산성이라는 혜택을 누려라. 필요할 때 언제든 이 실용적인 평화와 생산성의 상태로 돌아올 수 있다는 것을 기억하라. 이 시간을 주도적으로 사용하기로 결정한 자신을 칭찬하라.

수고가 많았다. 연습을 하고, 타임박싱 방법에 대해 더 많이 읽고 직접 타임박싱을 받아들이고 자신의 것으로 만들면서 당신은 타임박싱을 더 잘할 수 있게 될 것이다. 지난 15분 정도의 시간 동안 얻은 경험을 통해 다음 내용에 더 공감할 수 있을 것이다.

☑ 정리하기

□ 이번 장에서는 책을 읽으면서 타임박싱을 연습할 수 있게 한다.

□ 타임박싱은 이론과 연습을 통합할 때 가장 빠르게 배울 수 있다.

□ 작은 데에서 시작하는 것이 가장 좋은 방법이다.

⏱ 생각하기

□ 바로 이번 장의 타임박스를 만들어보았나? 그렇지 않다면 그 이유는 무엇인가? 그럼 다음에 타임박스를 만들 다음 (작은) 작업은 무엇인가?

□ 이번 장을 읽는 동안 주의가 산만해졌다면(독자의 99퍼센트가 그랬을 것이다), 그 산만함을 활용해 '무엇에 주목해야 하는가'라는 부분에서 제시하는 질문에 답해보라.

□ 이 책에서 옹호하고 이야기하는 '실천을 통한 학습' 방법이 당신에게 효과가 있는가? 그렇지 않다면 그 이유는 무엇이라고 생각하는가? 어떻게 조정하면 타임박스에 대한 다음 제안에서 더 많은 것을 얻을 수 있을까?

15:00
시작-중간-끝

핵심어: 긴 중간
　　　지체 없는 시작
　　　시간 엄수
　　　미루기
　　　작은 조치
　　　몰입 상태
　　　_____
　　　_____
　　　_____
　　　_____

글자 수: 3,560
독서 시간: 6분

전체란 시작과 중간과 끝이 있는 것이다.
— 아리스토텔레스 **Aristoteles**

이제 당신은 적어도 한 번 타임박싱을 해보았을 것이다. 그럼 어떻게 해야 타임박싱을 더 잘할 수 있을까? 좋은 타임박싱 실행이란 어떤 것일까? 그것을 간단하게, 직관적인 용어로 표현한다면 어떻게 될까?

물론 타임박스의 시작점이 프로세스의 시작점은 아니다. 타임박스의 시작 시간 전에 이미 계획을 세웠을 것이고, 할 일 목록의 초기 아이디어였을 때 그 작업에 대해 어느 정도 생각해보았을 수도 있다. 중요한 것은 아무런 정신적 준비 없이 타임박싱을 시작해서는 안 된다는 점이다. 타임박싱의 방법과 사고방식은 침착한 상태에서 계획한 작업을 실행하는 데 도움이 되는 일종의 사전 인지 작용을 장려한다.

지난 장에서 삶의 주인으로서 했던 경험을 이번 장에 적용하라. 시작, 중간, 끝에 어떤 느낌이었는지를 기억하면서 나 나름의 타임박싱을 만들어 나가야 한다.

빠른 시작

환경을 올바르게 만드는 9장의 내용은 여기에도 똑같이 적용된다. 실제로 타임박스를 계획하는 짧은 시간(15분)보다 타임박스를 실행하는 긴 시간 동안 실패의 가능성이 훨씬 높다.

정시에 시작해야 한다. 좋지 못한 시작은 여러 바람직하지 못한 결과로 이어질 수 있다. 작업을 수행하는 시간이 줄어들고, 마감을 맞추지 못할 수도 있으며, 더 나쁜 경우에는 타임박싱의 실행 자체를 포기하게 될 수도 있다. 물론 가끔은 늦게 시작하게 되는 경우도 있다. 하지만 가끔이란 두 번 중에 한 번이 아니라 열 번 중에 한 번 정도를 의미한다.

시작(과 종료) 시간을 의식하는 것이 유용하다. 이를 위해서는 7:03, 12:19, 16:43과 같이 인지적 부담을 더하는 수보다는 반올림된 친숙한 시간 단위(15분, 30분, 정시 등)를 선택하라. 쉬운 단위를 택해야 한다.

미루는 습관은 지체 없는 시작을 막는다. 이런 흔한 증상에 대해서는 이미 많은 글과 책이 있기 때문에, 나는 여기에서 나와 다른 많은 사람들에게 효과가 있는 실용적인 제안을 하나 할 생각이다. 작업에 직면했을 때 미루기의 관성이 느껴진다면 작업을 시작하는 데 필요한 아주 작은 첫 번째 조치를 찾는다. 파일을 열거나, 특정 이메일을 읽거나, 낯선 용어를 찾아보는 것 등이 여기에 포함된다. 펜을 집어 드는 것처럼 터무니없이 작은 일도 가능하다! 내 경우, 이 첫 번째의 작은 작업은 내 개인 메모 파일(연중 관리하는 구글 독)로 가서 작업을 구성하는 항목들을 적는 것이다. 이런 첫 번째의 작은 실제적 조치, 즉 오른쪽 운동 뉴런의 발화로 일련의 생리적 과정이 시작되면 행동이 뒤따르고 작업을 완료하게 된다. 다음은 미루기의 관성을 없애는 빠른 시작 조치의 예다.

작업	빠른 시작 조치
세차	• 양동이를 가져온다. • 호스를 푼다. • 자동차용 세제를 찾는다. • 차의 위치를 바꾸기 위해 자동차 열쇠를 가져온다.
블로그 게시물의 사실 확인 작업	• 이 작업을 요청한 메시지를 다시 연다. • 글을 대강 훑어본다. • 해당 블로그를 검색한다. • 저자나 마케팅 담당자에게 당신이 이 작업을 위한 타임박스를 마련했으며 언제 결과물을 받아볼 수 있는지 메시지로 알린다.

송장 확인	• 엑셀 프로그램을 연다. • 가장 쉽게 찾을 수 있는 송장을 연다.
휴가를 위한 예약	• 여행지 후보 목록을 만들고 친구나 가족에게 공유해 의견을 듣는다. • '휴가의 주요 유형'을 검색한다.
곤란한 이메일 답장	• 그 사람이 왜 그런 메일을 보냈는지 생각해본다. • 유쾌하지는 않지만 메일을 열고 다시 읽는다. • 대답에 포함되어야 할 세 가지를 적는다.

타임박스가 적절한지 의심하지 말아야 한다. 계획할 때 이미 자신과의 논쟁을 거쳤다. 내적인 논쟁의 대부분은 이 중요하고 어렵지만 필요한 작업에 저항할 방법을 찾는 무의식의 작용이라는 것을 기억하라. 그런 논쟁은 절대 끝나지 않는다. 선택한 작업을 다른 작업으로 대체하고 나면 대체된 작업은 또 다른 대체에 취약한 상태가 된다. 그보다는 꼭 해야 할 일들을 하게 하는 시스템을 갖추는 것이 장기적으로 훨씬 낫다. 필라델피아 세븐티식서 Philadelphia 76er의 말이 이 상황에 꼭 맞는다. 과정을 신뢰하라!

중간은 짧게

중간이 길어지는 것을 조심하라. 작업이 지루하거나 크거나 에너지를 떨어뜨린다면, 계획한 타임박스 내에 작업을 마칠 가능성은 훨씬 낮아진다. 따라서 모든 타임박스를 짧게 만들어서 중간을 짧게 유지하라. 나는 타임박스를 15분, 30분, 60분으로 유지하고, 가장 큰 60분 단위의 타임박스는 아주 드물게 연속적이고 깊이 있는 작업에 집중해야 할 때만 사용한다.

이상적으로라면 작업을 실행하는 도중에 몰입 상태(칙센트미하이의 개념)에 도달해야 한다. 몰입이라는 불가사의하고 탐나는 심리 상태는 그 정의 자체가 주관적이어서 콕 집어서 이야기하기가 어렵다. 하지만 보통 높은 수준의 집중력과 통제력, 자기 인식의 상실, 내적 즐거움, 시간에 대한 왜곡된 인식과 관련된다. 하지만 시간의 인식이 왜곡된다는 마지막 특징은 시간에 대한 인식을 완전히 잃는 것을 의미하지 않는다(완전한 인식 상실이라면 타임박싱을 실행할 때 문제가 될 수 있다). 실제로는 몰입의 상태에 있으면서도 동시에 시간을 의식하고 자주 시간을 확인하는 일의 중요성을 인식할 수 있다. 시간의 길이가 달리 느껴질 수 있지만 그럼에도 불구하고 몰입 상태에서도 시간을 능동적으로 관리할 수 있다.

끝도 정시에

끝내는 것도 정시에 해야 한다. 그렇게 하지 못하면 정시에 시작하지 않을 때와 같은 종류의 바람직하지 않은 결과로 이어질 수 있다. 다음 장에서는 속도를 높여야 할 때 사용할 수 있는 몇 가지 방법을 알아볼 것이다.

좋은 마무리가 필요하다. 작업을 성공적으로 마쳤을 때 사용할 작은 축하의 루틴을 개발하는 것이 좋다. 마친 항목에 체크 표시를 하거나, 타임박스의 색상을 바꾸거나, 마쳤다는 의미의 이모티콘(✅)을 넣거나, 타임박싱 일정표를 충실히 지키고 있다는 데 감탄하는 등의 방법이 있다. 당신의 노력을 축하하는 보다 실제적이고 사회적인 방법은 유용한 사람과 결과물을 공유하고, 다음으로 진행할 사람에게 바통을 넘기고, 협업 그룹에 활기차고 생산적인 분위기를 조성한다.

☐ ☐ ■ ☐

조금의 연습만으로도 타임박스의 시작, 중간, 끝을 잘 진행할 수 있게 된다.

☑ 정리하기

☐ 타임박스는 실제 타임박스의 시작 시간보다 훨씬 앞선 초기 계획 단계에서 시작된다.

☐ 정시에 적합한 환경에서 시작한다.

☐ 미루고 싶은 생각이 들 때 작업을 시작하는 데 필요한 아주 작은 첫 번째 조치를 확인해 두어야 한다.

☐ 타임박스의 정당성을 의심하지 마라. 계획된 대로 실행하라.

☐ 자주 달성할 수 있는 목표를 도입해 타임박스의 중간을 너무 길지 않게 유지해야 한다.

☐ 타임박스 완수를 너무 쉽거나 어렵게 만들지 않음으로써 몰입 상태를 달성하는 것을 목표로 삼는다.

☐ 정시에 끝내고 작업을 성공적으로 마친 것을 축하한다.

⏱ 생각하기

☐ 작업이 얼마나 능숙한가? 어떤 장애물이 방해가 되는가? 장애물을 제거하거나 그 영향을 줄이기 위해 할 수 있는 일이 있는가?

☐ 언제 어떻게 몰입 상태에 빠지는지 생각해보라. 어떤 조건이 몰입에 도움이 되는가? 일과 삶의 경험에서 이런 조건을 효과적

으로 충족시킬 방법이 있는가?

□ 작업 달성을 간소하게 축하할 방법이 있는가?

16:00

속도 그리고 경쟁

핵심어: 프로젝트 트라이앵글project triangle

비용

시간

범위와 질

혁신

체크포인트

글자 수: 5,386

독서 시간: 9분

지금쯤이면 타임박싱을 열심히 실행하고 있기를 기대한다. 우리는 계획과 실행 모두가 효과가 있기를 바란다. 한 가지 문제는 타임박스의 일정보다 뒤처질 때, 작업을 완성하지 못한 상태에서 할당된 시간을 다 써버렸을 때다. 예상치 못한 일이 발생했기 때문일 수도, 작업이 예상보다 어려웠을 수도, 우리가 시간을 낭비했기 때문일 수도 있다. 사전 예고와 적절한 비상 계획이 있다면(둘 다 여기에서 설명할 것이다) 타임박싱에서 흔히 제기되는 이 문제에 대처할 수 있다.

하지만 우선 박스의 크기와 크기를 정하는 기술을 개발하는 방법에 대한 12장의 내용을 떠올려보라. 타임박싱에 익숙하지 않은 경우에는 타임박스의 크기를 정확하게 예측하는 것이 쉽지 않다.

하지만 또 그렇게 어려운 일도 아니다. 시작하고, 반복하고, 경험을 쌓으면 오래지 않아 타임박스의 80퍼센트는 도전과 실현 가능성이 적절하게 균형을 이룬 크기를 갖게 된다. 이번 장에서는 계획보다 뒤처지는 20퍼센트의 상황을 다룬다.

중간의 체크포인트

타임박스의 시작 시간과 종료 시간을 알고 있다면 진행 상황을 직관적으로 파악할 수 있다.

하지만 그것만으로는 충분하지 않은 경우가 생긴다. 따라서 도중에 눈에 띄는 체크포인트를 두어야 한다. 정해진 시간의 중간 시점은 명확하다. 시작 시간과 종료 시간을 15, 30, 45, 60분 단위로 깔끔하게 설정했을 때라면 특히 더 그렇다. 작업 자체에서 중간 지점이 명확히 드러나는 경우도 있다(작성한 글자 수, 업데이트 된 데이터 라인, 셔츠 다림질, 만두 빚기 등). 하지만 브랜드의 새로운 슬로건을 만들거나, 학교 친구들과 함께하는 휴가 계획을 세우거나, 자기계발 계획을 진전시키는 등 진전을 선형적으로 측정할 수 없는 종류의 작업도 많다. 이런 작업의 경우, 정상 궤도에 올라 있을 때 어떤 모습이고 어떤 느낌인지에 대한 감각을 기르고 발전시켜야 한다. 또한, 해당 작업을 더 작고 구체적인 구성 요소로 나누고 수치로 표현하는 방법도 있다. 위에서 이야기한 예를 각각 6개의 슬로건 후보 만들기, 평판 좋은 10개의 휴가 정보원 찾기, 5개의 항목으로 구성된 학습 경로 분류하기 등으로 표현하는 것이다.

품질, 비용, 시간, 범위

중간 지점에 이르렀는데 뒤처지고 있다면 어떻게 해야 할까?

프로젝트 관리 분야에서 사용하는 개념을 활용해보자. 프로젝트 관리 트라이앵글이라 부르는 이 개념은 모든 프로젝트(즉, 작업)가 품질, 비용, 시간, 범위 사이에 균형을 이루어야 한다고 본다.

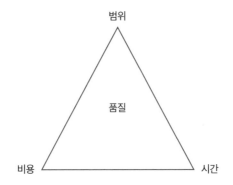

균형을 찾아야 한다. 좋은 프로젝트 관리의 핵심은 관련된 모든 사람이 만족할 수 있는 적절한 균형을 유지하는 것이다. 프로젝트 관리 분야에서는 혼란스러운 현실 세계의 역학에 비해 지나치게 단순하다고 이 모델을 비판하기도 한다. 하지만 상대적으로 직접적인 개별 타임박스를 통해 우리에게 도움을 주는 분석 틀로서는 그 단순함이 오히려 장점이다.

프로젝트 관리 트라이앵글은 시간이 부족한 상황에서 우리에게 주어진 선택지들에 대해 생각할 수 있는 구조를 제공한다. 다섯 가지 선택지가 있으며, 여기서는 방금 세탁을 마친 세탁기에서 빨래를 꺼내는 일을 예로 들 것이다.

품질 저하

'속도 향상'이라고도 할 수 있다. 속도가 빠르다고 해서 일을 무턱대고 한다는 의미는 아니다. 가속의 정도를 측정해야 한다. 대부분의 경우 품질과 속도 사이에 실용적인 균형에 맞는 적절한 품질 저하의 지점을 찾을 수 있다. 빨래를 빨리 널지만 구김은 좀 더 많을 수 있다.

범위 줄이기

'덜 하기'라고 표현할 수도 있다. 일부 작업에는 떼어내도 별 문제가 없는 구성 요소가 있다. 그런 경우라면 없어도 되는 것들은 빼고 계획대로 정시에 작업을 마치도록 한다. 본인이나 가족에게 가장 시급하게 필요한 빨래(우리 집의 경우에는 항상 브라질리언 주짓

수 도복인 기gi가 여기에 해당된다)를 꺼낸다.

시간 늘리기

'마감을 연장하는 것'이다. 시간이 더 필요하다면(지금의 타임박스 외에 중요한 업무가 없다고 가정하고) 자신에게 시간을 좀 더 준다. 디지털 일정표에서 타임박스를 세로로 몇 픽셀 늘리는 데는 몇 초면 족하다. 빨래를 제대로 널기 위해 필요한 10분을 추가한다.

비용 늘리기

'도움 요청하기'라고 할 수도 있다. 타임박싱은 개인 생산성 향상을 위한 수단으로, 유일한(중요하긴 하지만) 비용은 타임박싱을 하는 사람의 시간이다. 따라서 돈을 써서 문제를 해결함으로써(외부의 도움을 받는 등) 일정을 따라잡을 수 있는 경우가 드물다. 하지만 완전히 불가능한 것은 아니기 때문에 제외시키지 않았다. 가족에게 빨래 널기를 도와달라고 청하라!

새롭고 특별한 것

일명 '혁신'이다. 품질, 범위, 시간, 비용을 전혀 희생하지 않고 판도를 바꿀 수 있는 방법을 찾아보라(높이뛰기를 등쪽으로 하는 포스버리 플롭**Fosbury Flop**처럼, 새로운 기억 방법이 된 포스트잇**Post-it** 메모지처럼, 물류에 혁명을 일으킨 바코드처럼, 모든 것을 바꾸어 놓은 아이폰처럼). 새로운 소프트웨어나 앱을 찾거나 새로운 엑셀 공식을 도입해 정해진 시간 내에 작업을 수행하는 능력을 한 단계 향상시키는 것은 앞서의 예처럼 대단하지는 않지만 실용적인 혁신이 될 수 있다. 가장 좋은 해법이므로 주의를 기울이되, 규칙이 아닌 예외가 되리라는 것을 염두에 두어야 한다. 건조기에 투자하라.

제임스 클리어James Clear는《아주 작은 습관의 힘》에서 범위의 축소를 강력하게 주장한다. 사실 "스케줄이 아니라 범위를 바꾸라"는 그가 내세운 슬로건 중 하나다. 그는 계획보다 시간이 부족할 때 3마일 달리기를 1마일로 줄인 것을 범위 축소의 예로 소개한다. 다른 예에는 인상적인 요리를 만들기 위해 애쓰는 일을 줄이거나, 집 전체가 아닌 방 하나만 청소하거나, 주제와 관련된 과학 논문을 읽을 때 골라두었던 5개의 논문 대신 중요한 한 편만을 읽는 것 등이 포함된다. 일반적으로 이것은 유용하고 분명한 휴리스틱heuristics(복잡한 작업을 간단한 판단 작업으로 단순화시켜 의사 결정을 하는 경향-옮긴이)이다. 하지만 품질을 낮추거나(속도 향상) 시간을 늘리는 것이 더 합리적인 상황도 있다(일정 변경). 클리어가 든 사례에 상상을 더 보태, 주말이고 마라톤 훈련을 시작했으며 그날 외부 약속이 없다고 가정해보자. 이때는 달리기를 적게 하는 것보다 시간을 몇 분 더 늘리는 것(즉 시간을 연장하고 일정을 바꾸는 것)이 더 타당할 것이다.

맥락이 중요하기 때문에 시간 부족에 대한 적절한 해법은 맥락에 따라 달라진다. 그리고 여러 가지가 혼합된 복잡한 현실 세계에서는 하나의 방법이 아니라 위에 나열된 방법들을 조합하는 것이 최선의 해결책일 수 있다. 이 책의 이 부분을 편집하는 시간 중 하나를 예로 들어보자. 당신도 짐작했겠지만 나는 이 다섯 개 장을 검토하기 위해 큰 타임박스를 배치하고 몇 개의 장에는 15분, 몇 개의 장에는 30분짜리 작은 타임박스를 만들었다. 하지만 어느 지점부터 계획에 뒤처지기 시작했다. 이 점을 알아차렸을 때는 몇 가지 선택지가 있었다. 일부 장을 다른 날로 미뤄서 범위를 줄이거나, 작업에 신경을 덜 쓰는 접근법을 취해 품질을 낮추는 것이었다. 이런 방법들 대신 나는 타임박스를 늘렸다. 다른 대안들보다 시간을 유연하게 운용하는 것이 가장 적절하다고 느낀 경우였기 때문이다.

따분한 일에서 도전으로

요즘은 작업을 완수하는 속도를 높이는 방법이 관심을 받지 못한다. 심지어 그런 방법에 눈살을 찌푸리는 사람들도 있다. 사람들은 지금 이 순간에도 기진맥진한 상태다. 우리는 그들의 부담을 덜어주어야지 더 많은 부담을 주어서는 안 된다. 나는 정신 건강에 주의를 기울여야 하며 번아웃이 정신 건강에 대단히 큰 부정적 영향을 준다는 데 동의한다. 실제로 타임박싱의 가장 큰 장점 중 하나는 기운과 의욕을 다 잃을 위험이 없다는 것이다. 또한 나는 속도를 높이는 데에서 재미를 느낄 수도 있다고 생각한다. 시간과의 경쟁이 스스로 설정한 도전 작업일 때는 특히 더 그렇다.

시간 제한이 있거나 속도를 높여야 할 필요가 있는 상황은 의욕을 높이는 요소가 될 수 있다. 예를 들어 100단어짜리 글을 써야 하는 지루한 일도 현실적인 시간 제한(예를 들어 15분)을 두면 하나의 도전이 된다. 카운트다운이 시작되면, 약간의 아드레날린이 혈류로 방출되며, 마지막에는 성공/실패라는 명확한 결과가 나온다. 시간을 측정함으로써 칙센트미하이가 이야기한 몰입의 조건(특히, 도전 작업을 기술과 일치시키고 충분히 어렵게 만드는 것)을 충족시키는 데에도 도움을 준다. 이것은 제한이 없는 텍스트 상자를 주고 자신에 대해서 설명하라고 막연히 요청하는 것과 정확히 7개(예를 들어)의 단어로 자신을 설명하라고 요청하는 것 사이의 차이와 비슷하다. 사람들이 완료할 가능성이 더 높은 작업은 두 번째 (더 어려운) 버전이다. 반복적으로 수행하는 작업의 경우, 자신의 최고 기록을 넘어서는 것을 목표로 삼을 수 있다. 한 시간 안에 쓰는 글자 수, 30분 안에 처리하는 이메일의 수, 데이터를 입력하는 15분 동안 저지르는 실수의 수 등 개인 최고(혹은 최저) 기록을 갱신하는 것을 목표로 정해보라.

시간의 제한을 받아들이고 즐길 수 있다면 생산성 향상이라는 바람직한 부산물이 자연스레 따라올 것이다.

□ □ ■ □

　타임박스를 잘 만들었다면 제시간에 적절한 표준에 맞게 작업을 완료하기 위해 더 이상 개입할 필요가 없는 것이 보통이다. 하지만 중간 체크포인트를 두어서 뒤처지고 있을 때 문제를 인식하고 해결할 수 있게 해야 한다. 뒤처지고 있을 때라도 다시 궤도로 돌아갈 수 있는 몇 가지 선택지가 있으니 불안해할 필요는 없다. 각자의 상황에 맞는 선택지는 다르겠지만, 타임박싱을 통한 노동의 결실을 세상과 공유하는 일, 즉 무언가를 전달하고, 공유하고, 선보이는 일에는 과소평가된 엄청난 혜택이 있다는 것을 알아두도록 하라.

☑ 정리하기

□ 타임박싱의 효과를 보려면 정해진 시간을 지켜야 한다.

□ 속도를 높여야 하는 경우도 있다.

□ 타임박싱의 성공에는 처음부터 타임박스의 적절한 크기를 예측하는 일이 큰 몫을 한다.

□ 중간 체크포인트는 마감일을 지키는 데 도움을 준다.

□ 계획보다 뒤처지고 있을 때는 품질을 낮추거나, 범위를 줄이거나, 시간을 늘리거나, 비용을 늘리거나, 근본적인 혁신을 일으키는 방식으로 대응할 수 있다. 특히 품질, 범위, 시간을 줄이는 것이 대부분의 상황에서 가장 일반적이고 실용적인 해법이다.

□ 작업에 현실적인 시간 제한을 두면 지루한 일을 도전으로 바꿀 수 있고, 이로써 의욕을 높일 수 있다.

⏱ 생각하기

□ 작업을 완수할 시간이 부족했던 상황을 떠올려보라. 당신은 범위, 품질, 시간 중 어떤 해법이 더 효과적이었나? 그 이유는 무엇이었나?

□ 당신은 책 한 페이지를 읽는 데 시간이 얼마나 걸리는지 알고

있는가? 다음 장에서 시간을 재보라.

□ 오늘 해야 하는 여러 가지 일에 시간 제한을 만들어보라. 익숙
해지면 더 잘할 수 있다. 시간 제한을 두는 것이 재미있는 때는
언제인가? 그렇지 않을 때는 언제인가?

17:00

세상에
선보이다

핵심어: 전달
공유
출하
공개
출시
만족
충분히 좋은
유용한 공유가 가능한

글자 수: 4,376

독서 시간: 6분

이제 당신은 일을 완성했다. 결과가 충분히 좋은가? 어떻게 하면 그것을 세상에 소통시키고 세상을 변화시킬 수 있을까? 이번 장에서는 이 두 가지 질문에 초점을 맞춘다.

이번 장의 제목에 대한 짧은 설명이다. '세상에 선보이다'는 이 문맥에서 '출하 shipping'란 단어를 사용했는데, 그 뜻은 사용 가능한 상품의 수송을 의미한다. 잡스가 1983년 컴퓨터 하드웨어(특히 최초의 매킨토시)에 대해 이야기할 때 사용한 단어지만, 어떤 상품에든 사용할 수 있다. 최근에는 소프트웨어 개발에서 제품이 최종 사용자에게 출시되는 시점과 관련해 이 단어가 자주 사용된다. 나는 공개를 통해 작업의 가치가 훨씬 높아진다는 점을 강조하기 위해 이 단어를 사용한다.

충분히 좋은 = 유용한 공유가 가능한

이전 장에서 작업을 완수하기 위해 생산성 속도를 조정하는 여러 가지 방법이 있다는 것을 살펴보았다. 그중에서 범위를 줄이고, 품질을 낮추고, 시간을 늘리는 것이 가장 일반적이고 중요한 방법이라고 했다. 시간을 늘리는 것에 대해서는 더 이상 언급할 필요가 없다. 필요하고, 가능하고, 다른 대안이 없다면 시간을 늘려야 한다. 그렇다면 범위와 품질에 있어서는, 완벽한 결과물에서 부적절한 결과물 사이의 어느 정도까지 희생이 가능할까?

완벽은 필요하지도 가능하지도 않다. 완벽함을 필요로 하는 경우는 거의 없으며, 대부분의 작업에서는 대중들이 완벽함(완벽하게 정돈된 서류 정리 시스템, 깔끔한 주방, 오류 없는 문법)을 알아차리지도 못한다. 더구나 인간에게는 그런 역량이 있는 경우가 드물다. 따라서 우리는 더 나은 계획을 세우고 충분히 좋은 것을 목표로 삼아야 한다. 완벽주의자라도 말이다. 그렇다면 충분히 좋은 것은 정확히 어떤 모습인가?

유용성의 기준은 "공유할 준비가 되었는가"다. 수치심과 자존심은 사회적 동물인 우리의 행동을 조절하는 강력하고 오래된 감정이다. 책임감은 보다 현대적인 개념이지만 그 역할은 같다. 따라서 조롱에 대한 뿌리 깊은 반감을 가지고 있는 상황에서 어떤 것을 공유할 준비가 되었다는 것은, 우리 대부분에게 그것이 충분히 좋다는 뜻이다.

또한 유용해야 한다. 유용하다는 것은 중요한 의미에서 기능적으로 온전해야 한다는(완벽하지는 않지만) 뜻이다. 대상이 효과를 발휘하거나, 공유를 받은 사람, 즉 작업의 수혜자가 대상의 중요한 측면을 유용하게 이해할 수 있어야 한다. 이를 좀 더 정확하게 설명하기 위해 제품(프로젝트가 아닌) 관리를 예로 들어보자. 제품 개발에는 최소기능제품Minimum Viable Product, MVP이라는 개념이 있다. 최소기능제품은 누군가(이 경우, 베타 사용자 혹은 얼리어답터)가 사용할 수 있고 그들에게 유용한 최소한의 기능을 갖춘 버전을 말한다. 충분한 개발이 이루어지지 않았고 그리 정교하지 않기 때문에 비교적 쉽게 만들 수 있다. 따라서 제품 팀은 최소기능제품을 만들어 어떻게 사용되는지 관찰하고 다음 버전에서 제품을 개선한다. 최소기능제품은 유용한 공유가 가능하다.

유용한 공유라는 기준은 일반적인 작업에도 적용된다. 사업 계획서의 구조는 유용한 공유가 가능하지만 처음 몇 단락은 그렇지 않다. 예상되던 팀에게 프로젝트의 진행을 허락하는 짧은 이메일은 유용한 공유가 가능하지만, 그 이유와 근거에 대한 상세한 하지만 결정적이지 못한 설명은 공유할 수 없다. 동료의 형편없는 파워포인트 프레젠테이션에 대한 피드백을 정리한 내용은 공유할 수 있지만, 그의 슬라이드에서 가장 끔찍한 부분을 철저하게 재작업한 내용은 공유할 수 없다(여러 가지 이유로). 몇몇 사람들에게 나눠

주기 위해 대충 걸어 놓은 옷은 유용한 공유가 가능하지만(다른 사람이 접어서 나눠줄 수도 있다) 무작위로 옷을 걸어두는 것은 공유가 불가능하다.

이 점을 잘 보여주는 예는 스파이더맨을 그리는 아티스트를 촬영한 타임랩스time-lapse(사진 또는 동영상을 일정한 시간 간격으로 찍어 연속적으로 재생함으로써 시간이 빠르게 흐르는 것처럼 보이게 하는 기술-옮긴이) 영상이다.[57] 동영상의 첫 번째 부분에서 이 아티스트에게 주어진 시간은 10분이었다. 완벽에 가까운 비율과 그림자, 배경을 자랑하는 대단히 놀라운 최종 결과물이 탄생했다. 다음에는 아티스트에게 60초의 시간이 주어졌고, 그 결과는 목과 몸통까지가 보이는, 틀림없는 스파이더맨이지만 거친 이미지였다. 마지막은 단 10초로 아티스트는 기형적인 머리와 대충 그린 눈을 급하게 스케치할 수 있었다. 하지만 여전히 만화의 슈퍼 히어로라는 것을 알아볼 수 있었다.

세 경우 모두 '스파이더맨 그리기' 작업을 완수했고, 유용한 공유가 가능했다(예를 들어 9살짜리 조카에게). 스파이더맨의 왼쪽 눈이나 턱만을 완벽하게 표현했다면 유용하게 공유할 수 있는가라는 기준을 통과하지 못했을 것이고, 가상의 조카는 충분히 잘 그렸다고 생각하지 않을 것이다.

250여 년 전 볼테르Francois-Marie Arouet Voltaire는 "완벽은 좋은 것의 적"이라고 말했다.[58] 이는 완벽을 추구하다 보면 좋은 결과, 심지어 훌륭한 결과를 놓칠 수도 있다는 의미다. 이 말은 지금도 유효하다. 반면에 유용한 공유가 가능한 것은 좋은 것의 강력한 버팀목이다.

외부 세계

누군가가 그 결실을 맛볼 수 있다면 당신의 노동이 갖는 가치는 더 높아진다. 유용한 공유가 가능한지는 '충분히 좋은' 기준에 도달했는지를 판단하는 데 유용한 휴리스틱이다. 당신의 작업이 외부 세계와 만났을 때 생기는 몇 가지 부가적인 혜택이 있다.

- 다양한 관점. 결과를 다른 사람들과 공유하면 다양한 관점과 경험을 가진 사람들로부터 그에 대한 추가적인 정보를 얻을 수 있다. 많은 작업의 경우 이런 관점과 집단 지성이 큰 가치를 갖는다. 일부 작업에서는 이것이 필수적인 요소다.
- 반복. 공유는 피드백을 이끌어내며, 이는 반복적인 개선을 가능케 한다.
- 참여. 적절한 시점에 적절한 의도로 결과를 공유할 경우 협력자를 여정에 참여시킬 수 있다. 이는 마지막 순간에 기정사실인 것처럼 공표하는 것과 대조된다. 이는 짜증을 유발하고

불화를 일으키며 불필요한 저항을 만들 수 있다.

□ 신용. 누군가 당신이 한 일을 보게 될 경우, 당신은 감사의 인사나 칭찬을 들을 수 있다. 그렇지 않더라고 평판과 지위가 향상되는 것이 보통이다. 아무도 결과물을 보지 못한다면 인정을 받을 수 없다.

□ 집단 생산성. 이제 당신의 역할이 끝났다. 바통을 넘기고 당신이 다른 필요한 곳에 관심을 쏟는 동안 다른 사람이 그 일을 계속 진행할 수 있게 하라. 크든 작든 우리는 모두 기계의 톱니바퀴다. 그 기계를 인간의 집단적 노력이라고 생각하면, 우리의 역할이 가치 있게 보일 것이다.

이 원칙은 가족들이 옷을 입을 수 있도록 빨래를 너는 일과 마찬가지로 인류에게 영감을 주는 패러다임을 바꾸는 아이디어를 공유하는 데에도 적용된다.

물론 결과물을 공유하는 것이 의무인 때도 많다. 상사가 요구하거나, 동료들이 기대하거나, 친구가 거기에 의존할 수도 있다. 하지만 위에서 이야기한 광범위한 혜택을 염두에 둔다면 꼭 공유해야 하는 것보다 많은 것을 공유할 수 있다.

□ □ ■ □

출하, 즉 결과물을 전달하고 노동의 결실을 세상에 선보이는 것은 충족감을 주는 일이다. 완성에 대해 내적 만족감을 느낄 수 있을 뿐만 아니라 그것을 공유함으로서 외적 보상도 얻을 수 있다. 이런 식으로 생각하고 적절히 실행한다면, 우리는 매일 완성된 타임박스라는 형태로 최대 15번의 보상을 누릴 수 있다.

출하에는 생산성을 높이는 효과도 있다. 6장에서 보았듯이, 타임박싱은 개인의 생산성뿐만 아니라 집단의 생산성에도 영향을 미친다. 공유하지 않은 결과물은 금도금을 한 새장 속에 갇힌 새와 다를 바 없다. 충분히 좋은 결과물을 만들고 그것을 세상에 선보이도록 하라.

☑ 정리하기

□ 완벽은 필요하지도, 가능하지도 않다. 따라서 충분히 좋은 것에 만족하고 익숙해져야 한다.

□ 작업이 달성해야 할 기준은 '충분히 좋은' 것이다. 당신이 만든 결과물의 유용한 공유가 가능할 때라면 그것은 '충분히 좋은' 것이다.

□ 최소기능제품의 개념을 사용하면 유용한 공유가 가능한지 판단하는 데 도움이 된다.

□ 작업을 공유(혹은 출하)하는 데에는 다음과 같은 많은 혜택이 따른다.

- 다양한 관점을 확보한다.
- 반복의 기회를 얻는다.
- 다른 사람의 참여가 가능하다.
- 다른 사람으로부터 인정을 받을 수 있다.
- 당신이 다른 곳에 관심을 두는 동안에도 프로젝트가 계속 진행된다.

생각하기

□ 당신이 자랑스럽게 생각하는 결과물, 공유해서 좋은 효과를 얻
었던 결과물을 생각해보라. 그 결과물을 세상에 선보일 때의 기
준으로 삼는다.

□ 이번 장에서 예로 든 스파이더맨 동영상을 찾아서 시청하라.

□ 충분히 좋다거나 유용한 공유가 가능한 것이 어떤 것인지 잘 알
고 있는가? 그렇지 않다면 자신의 업무와 삶의 맥락에서 그것
을 더 구체화할 방법은 없을까?

18:00

토끼굴과 다른 방해 요소

글자 수: 11,024

독서 시간: 18분

에구머니나! 에구머니나! 너무 늦은 거 같아!

— 흰 토끼(《이상한 나라의 앨리스》 속 등장인물)

이번 장에는 내가 꼭 쓰고 싶었던 이야기가 담겨 있다.

당신은 이미 타임박싱의 여정에서 상당한 진보를 이뤘다. 타임박싱이 주는 혜택에 대해 잘 알게 된 당신이 이 방법과 사고방식을 확고히 하고 계속 유지하기로 마음먹었기를 바란다. 당신은 가치 있는 일들을 선택해 합리적인 계획을 세웠고 결심을 굳건히 했을 것이다. 당신은 타임박스 안에서 작업을 수행할 때 좋은 관행이 어떤 모습이고 어떤 느낌인지 이해했을 것이다.

하지만 어려운 순간이 기다리고 있다. 앞으로 타임박스를 채워 나가는 과정에는 수많은 방해 요소가 도사리고 있을 것이다. 휴대폰이 진동한다. 알람이 울린다. 브라우저 알림이 뜬다. 하이퍼링크가 유혹한다. 내부에서 유도된 방해 요소도 있을 것이다. 생각이 떠오르고, 기억이 드러나고, 간지러움이 귀찮게 한다. 이는 우리 모두에게 영향을 미치는 흔하고 일반적인 방해 요소다. 모두가 자신만의 특이한 방해 프롬프트를 갖고 있다.

주의가 산만해지는 것을 막을 수 있는 방탄막은 없다. 하지만 우리가 취할 수 있는 합리적인 보호 조치가 몇 가지 존재한다. 우선은 어떤 방해 요소가 있고 그들이 어디에서 비롯되는지 이해하는 것부터 시작해야 한다. 내 역할은 당신이 공감할 수 있을 만한 일반적인 상황을 제시하는 것이다. 당신의 역할은 이런 예를 이용해서 당신의 삶에서는 어떤 방해 요소가 불쑥 나타나 피해를 주는지 생각해보는 것이다. 그렇게 한 뒤에는 자신만의 세부적인 해법을 마련해 실천할 수 있다.

방해 요소에 대해 생각할 때 유용한 기본 틀은 미루기가 쉽게 나타나는 전제 조건, 주의를 돌리게 하는 프롬프트, 프롬프트에 대한 우리의 반응 측면에서 생각하는 것이다. 이런 것들이 어떻게 작동하고 서로 어떤 관계를 갖는지 이해할 수 있다면 이런 전제 조건을 최적화하고, 프롬프트를 줄이며, 이에 대한 우리의 반응을 개선하는 일을 더 잘해낼 수 있다.

전제 조건 최적화 - 미루는 행동의 싹을 뽑는다

일을 시작하기 전에 문제가 발생할 때가 있다. 여기에는 미루기라는 이름이 있다. 반드시 해야 한다는 것을 알면서도 미루는 것이다. 성인의 20퍼센트가 만성적인 미루기 습관을 가지고 있으며,[59] 학생들 사이에서는 그 비율이 훨씬 더 높다.[60] 타임박싱은 작은 것부터 시작하기, 구조화, 책임감 등의 여러 각도에서 미루는 습관에 큰 영향을 준다. 《미루기의 수수께끼를 푼다Solving the Procrastination Puzzle》의 저자 티모시 파이킬Thimothy Pychyl 박사의 말처럼 "의도한 일을 할 때 진정한 기분 상승"이 가능하다. 하지만 때때로 영 내키지 않는 이상한 감정이 지속될 때가 있다.

미루기에는 여러 가지 근본 원인과 요인이 있다. 그중에는 서로 겹치고 연관되는 것들이 있으며 그 대부분은 완벽히 파악할 수가 없다. 당신이 공감하는 것들이 있기를 기대하며 가장 공감이 가는 원인에 더 많은 주의를 기울이기를 바라는 마음으로 가장 흔한 원인 몇 가지를 여기에 나열해보려 한다. 위쪽에 있는 항목일수록 해결이 어렵고, 아래쪽에 있는 항목일수록 쉽게 해결할 수 있다.

□ 불안, 스트레스, 기타 정신 건강의 문제
□ 적절한 사고방식이나 충분한 동기가 없음
□ 실패에 대한 두려움 혹은 완벽주의

- □ 어려운 작업을 꺼리는 마음
- □ 지루함
- □ 피곤함, 피로, 번아웃
- □ 구조화, 구체성, 마감의 부재
- □ 지나치게 많은 작업이나 너무 큰 작업에 직면했을 때의 부담감. 어디에서 시작해야 할지 모름.

이것은 완벽한 목록이 아니다. 상위의 더 복잡한 문제에 대한 구체적인 해결책을 제안하거나 상세히 설명하는 것은 이 책의 범위를 벗어난다. 타임박싱을 실천하는 것은 위에 나열한 모든 걸림돌에 어느 정도 도움이 되지만 타임박싱이 뿌리 깊은 혹은 오랫동안 지속된 심리적 문제에 대한 만병통치약은 될 수 없다. 따라서 이들 요소 중 일부가 자신에게 해당된다면 해당 분야의 전문가에게 도움을 구해 그에 마땅한 진지한 태도로 해결에 나서야 한다.

어려운 것들이 있기 때문에 쉬운 것부터 실천하는 것이 좋다. 사고방식과 환경에 주의를 기울여 여러 근본 원인의 영향을 줄여야 한다. 타임박싱(하루 15분)을 계획할 때의 올바른 사고방식과 적합한 환경(9장 참조)에 대한 모든 조언은 타임박스 자체를 실행할 때(하루 여러 시간)에도 적용된다. 피곤하거나 지치거나 번아웃 상태일 때는 어려운 작업을 시도하지 마라. 목록의 마지막 두 가지 항목은 명확한 구조화, 구체성, 마감일을 제공하고 해결할 작업을 한 번에 하나 이외에는 걸러내는 타임박싱을 통해 막을 수 있다.

개인적으로 나는 위 목록의 네 번째(너무 어렵다)와 다섯 번째 (너무 지루하다) 항목에 가장 취약하다. 특정 방식의 어려운 작업(육체적으로 힘든 운동, 대립적인 작업 환경, 지적으로 어려운 문제)을 대면하면, 나는 이를 피할 방법을 찾는다. 너무 쉽거나 흥미, 놀라움, 중요성이 떨어지는 작업일 경우에는 다른 곳으로 눈을 돌리곤 한다. 이런 조건들은 우리가 도전에 나서고 몰입 상태에 들어가는 것을 방해하는 조건과 일치한다는 데 주목하라(5장 참조).

프롬프트의 파악과 최소화

타임박스 안에 들어가 일을 시작했는데 갑자기 어떤 사건이 끼어들어 당신을 타임박스 밖으로 밀어낼 때가 있다. 이런 순간에는 어떻게 해야 할까? 정신을 산만하게 하는 프롬프트를 만드는 매체 (정신적, 디지털, 물리적)와 그 긴급성 정도의 측면에서 생각해보는 것이 유용하다는 것이 내 생각이다. 매체는 그 메시지가 무엇이고 어디에서 비롯되었는지 생각하게 해준다. 또한 긴급성은 적절한 조치를 취하는 데 도움을 준다. 이런 식의 사고를 통해 다음과 같은 표가 만들어진다.

	디지털	물리적	정신적
긴급성 낮음	• 알림 • 이메일 • 문자 • 휴식 후 다시 컴퓨터 앞에 앉았는데도 화면을 둘러보며 흥밋거리를 찾는다.	• 새가 날아다닌다 • 모기가 성가시게 한다 • 개가 짖기 시작한다. • 아이들이 TV를 보지 말아야 할 시간에 TV를 보는 소리가 들린다.	• 수탉이 실제로 "콕-아-두들-두" 소리를 내는지가 괜히 궁금해진다. • 어젯밤 꿈의 단편이 떠오른다. • 새로운 이메일/메시지가 있는지 궁금해진다. • 목이 말라진다 • 지루함을 느끼기 시작한다. • 다음 주에 완료해야 하는 중요한 작업이 기억난다.
긴급성 높음	• 즉각적인 조치를 요청하는 이메일이 온다.	• 누군가 현관문을 두드린다. • 아기가 운다. • 불시에 화재 경보가 울린다. • 누군가 내 이름을 부른다. • 화장실에 가야 한다.	• 중요한 아이디어(직관)가 떠오른다. • 방금 전에 들렀던 가게에 열쇠를 두고 온 것이 기억난다. • 그날 치과 예약이 있었다는 것(하지만 달력에 기록하지 않은 것)이 기억난다.

위의 예시에서처럼 긴급성이 떨어지는 항목도 매우 중요할 수 있다는 점(중요한 작업)에 주목하라. 즉각적인 조치를 취하는 측면

에서 중요한 차이는 중요성이 아닌 긴급성에 있다.

그리고 이런 프롬프트는 시작에 불과하다. 그것은 강력한 메커니즘으로 이어진다. 처음에는 토끼굴이 얼마나 깊은지 알 수 없다. 막다른 골목에 부딪혀 1~2분 후에 빠져나올 수도 있다. 하지만 한 번의 유혹에 빠져 방향을 바꾼 것이 또 다른 방향 전환으로 이어지면서 어느새 두어 시간이 사라질 수도 있다.

이 표는 방해 요소가 발생했을 때 알아차리는 데 도움을 주기 위한 것이다. 디지털, 물리적, 정신적 영역 중 어느 영역에서든 방해 요소를 찾아보고 그 요소들이 나타날 것을 미리 예상하면 방해 요소가 실제로 등장했을 때 더 쉽게 알아차릴 수 있다. 이런 방해 요소는 누구나 흔히 마주친다. 독자들의 공감을 불러일으키기 위한 실제적인 예가 제시되어 있지만, 여섯 개의 상자에 해당하는 예를 떠올려본다면 더 도움이 될 것이다. 가장 중요한 것은 이 표가 다양한 종류의 프롬프트에 대해 더 나은 반응을 준비하기 위한 틀을 제공한다는 점이다. 방해 요인이 등장했을 때 알아차리는 것이 중요하다는 것을 이해하고 연습해본다면 천천히, 그리고 확실하게 이들에 반응하는 기술을 연마할 수 있다.

일부 프롬프트는 사는 동안 여러 번 발생하며 그중 몇 가지는 하루에도 여러 번 발생한다. 대부분의 사람이 하루에 100번 이상 휴대폰을 집어 든다. 당연히 이들은 가장 파괴적인 유형의 프롬프트다. 의도적인 생산성을 너무 자주 공격하기 때문이다. 지금 몇 분만 시간을 내어 자신을 공격하는 프롬프트가 어떤 유형인지 생각해보라. 책상으로 돌아왔을 때인가? 휴대폰이 진동할 때인가? 브라우저 탭 상단에 받은 편지함의 알림 수가 늘어나는 것을 볼 때인가? 집에 돌아와 사방에 널려 있는 집안일을 볼 때인가? 이런 반복적인 방해 요소는 당신의 삶을 크게 개선할 수 있는 기회이기도 하다.

반응을 개선한다

우리 인간에게는 무엇을 할지 선택할 수 있는 기회가 있다. 빅터 프랭클Viktor Frankl(오스트리아 출신의 유태계 정신과 의사이자 심리학자-옮긴이)은 "자극과 반응 사이에는 공간이 있다"라는 훌륭한 말을 남겼다. 그 공간에는 반응을 선택할 수 있는 힘이 있다. 우리의 반응에는 우리의 성장과 자유가 있다.

하지만 현대인의 프롬프트에 대한 반응은 엉망인 경우가 대부분이다. 우리는 프롬프트를 알아채지 못하는 경향이 있고, 프랭클이 말하는 공간을 인식하지 못하며 따라서 당연히 그것을 사용하지 않는다. 대신, 우리는 마치 계획적으로 개입할 인지적 능력이 없는 것처럼 생각도 의도도 없이 반응한다. 앞의 표에 있는 몇 가지 예를 살펴보기로 하자.

- □ 슬랙**Slack**(업무용 메신저의 하나-옮긴이) 알림 또는 이메일에 답장을 한다.*
- □ 열려 있는 브라우저 탭을 여러 개 클릭하다 결국 쇼핑, 검색, 서핑을 하게 된다.
- □ 아래층에 내려가 개를 확인하다가 세탁기에서 빨래를 꺼내야 한다는 것을 깨닫고, 정말 급히 빨아야 할 빨랫감이 더 있다는 것을 발견한다.
- □ 새 한 마리가 날아가는 것을 보고 다른 새 두 마리를 발견하고, 그 옆으로 지나가는 구름이… 안락의자를 닮았다고 생각하며 공상에 빠진다.
- □ 구글에 "콕-아-두들-두"를 검색하면 동요가 나온다. 그것이 고양이가 바이올린을 연주하는 동요가 어떻게 나오게 되었는지에 대한 호기심을 자극한다.
- □ 첫 번째 문서를 끝내지 않고 두 번째 문서를 열어 두 번째 작업을 시작한다.*

우리는 멀티태스킹(별표 표시된 항목)을 시도하거나 토끼굴에 빠진다. 멀티태스킹과 토끼굴은 최악의 경우 생산성을 떨어뜨리고 성취감을 감소시키는 대단히 나쁜 결과로 이어질 수 있다. 심지어는 해로운 중독(소셜 미디어, 강박적인 일, 메시징 플랫폼 등)에 빠져 계속 중독을 강화하는 일을 하는 경우도 있다. 이런 중독은 타임박싱이 가져오는 정신적 안정, 생산성, 힘을 무색하게 만든다. 반면에 멀티태스킹과 토끼굴을 잘 활용해 즐거움을 얻을 수 있는 경우도 있다. 이에 대해서는 곧 다룰 것이다.

그렇다면 우리는 어떻게 대응해야 할까?

앞서 보았듯이 우선 프롬프트를 알아차려야 한다. 이런 깨달음이 다른 모든 것의 전제 조건이며, 우리가 반응을 선택할 수 있는 공간이다. 이것은 관심과 연습으로 개발할 수 있는 기술이다.

그 후에는 방해 요소에 긴급한 조치가 필요한지를 빨리 판단해야 한다. 지금 정말 그 일에 주의를 기울여야 할까? 때로는 그 답이 "그렇다"일 때가 있다(표의 맨 아래 칸에 있는 대부분의 예에서와 같이). 물론 이런 드문 경우라면 해야 할 일을 하고, 즉시 계획을 변경해야 한다. 일정표의 타임박스를 업데이트하는 것도 잊으면 안된다. 하지만 답이 "아니오"인 경우가 그보다 훨씬 많다. 이후에 다시 하고 싶은 일이라면 적어두고(할 일 목록에 넣어 생각이 사라지는 고통스러운 느낌을 피한다. 혹시 당장 할 일 목록에 적을 수 없는 상황이라면 소리를 내어 말해본다) 다시 예정된 타임박스로 돌아온다. 또는 방해 요소가 무시할 수 있는 것이라면 그렇게 하고 바로 타임박스로 돌아온다(일정표로 돌아간다). 이를 다음과 같이 도식으로 정리할 수 있다.

여기에 도움이 되는 전략이 있다. 환경을 조정해(9장 참조) 타임박스로 돌아가는 더 나은, 더 주도적인 반응을 부추기도록 하라.

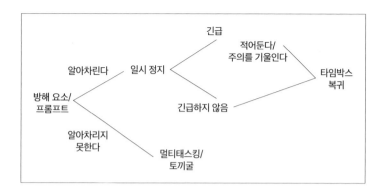

곧 프롬프트에서 타임박스라는 안전한 피난처로 돌아가는 반응을 연상하게 된다.

토끼굴의 유혹

누구나 때로는 토끼굴에 빠진다. 인간의 정신과 하이퍼링크로 이루어진 인터넷은 강력한 호기심을 자라게 하는 비옥한 땅으로 서로에게 양분이 된다.

토끼굴은 즐겁다. 토끼굴은 유쾌하고 강렬한 경험을 가져다준다. 유용하고 짜릿하다. 하지만 좋은 느낌을 주던 이런 방종과 통제력 상실은 어느새 나쁘게 변한다. 다음과 같은 상황이 익숙하게 느껴지지 않는가?

계획대로 작업에 착수한다. 그런데 뜻밖의 링크, 문구, 그림이 흥미를 자극한다. "이게 뭘까?"라는 호기심이 생긴다. 의식이 행동할 시간을 갖기 전에, 당신은 벌써 링크를 클릭하고 토끼를 따라간다. 당신은 지금 완전히 새로운 경험을 하고 있으며, 강한 집중력을 발휘하고 있다. 또 다른 항목이 시선을 사로잡고 당신은 의도했던 작업에서 더 멀어진다. 완전히 몰두한 당신은 시간 감각을 잃고, 몰입 상태에 들어가고, 계속해서 호기심을 자극하는 것들을 따라간다. 결국 모험의 흥분이 가라앉고 깨달음의 순간이 찾아온다. 시작한 곳으로부터 정말 멀리 왔다는 것을 깨닫는 순간에 말이다. 토끼굴에서 나와 작업으로 돌아왔지만 이미 시간을 낭비한 후다.

이런 일이 벌어지더라도(타임박싱을 사용하든 사용하지 않든 이런 일은 자주 발생한다) 자책하지 마라. 죄책감이나 걱정은 불필요하고, 부적절하고, 도움이 되지 않으며, 그 자체가 또 다른 방해 요소다. 이때에 사용할 수 있는 전략은 애초에 프롬프트를 피하고(전제 조건을 최적화한다), 프롬프트를 알아차렸다면 타임박스로 돌아오는 대응을 하는 것이다. 스트레스, 부담, 불안을 안심시키는 생각이나 일정표로 돌아가는 행동(왼쪽 상단 브라우저 탭을 클릭해)과 연결시킬 수 있게 될 것이다.

멀티태스킹에 대한 오해

대부분의 사람들이 멀티태스킹을 한다. 언뜻 보기에 멀티태스킹은 한 번에 한 가지 일을 하는 것의 힘을 옹호하는 방법인 타임박싱과 정반대다. 하지만 정말 그럴까?

우선, 멀티태스킹이란 무엇인가? 멀티태스킹은 한 번에 여러 가지 일을 하려는 시도다. 멀티태스킹은 보통 더 짧은 시간에 더 많은 일을 해내는 것을 목표로 주의를 여러 작업에 분산하는 것이다. 이 개념은 수십 년 전 컴퓨터가 한 번에 한 가지 작업만 할 수 있었던 시절의 컴퓨팅에서 유래했다.

멀티태스킹은 많은 비방과 오해를 받고 있는 행동이다. 이 주제에 대한 일부 연구와 최근의 수많은 온라인 콘텐츠들은 멀티태스킹을 좋지 않게 보고 있다. 맥락 전환에 인지적 비용이 많이 든다고 주장들을 하며, 대부분은 멀티태스킹이 생산성에 대단히 나쁘다는 결론을 내리고 있다. 여러 사람들이 농구공을 주고받는 모습에 집중하는 사이 '무주의 맹시inattentional blindness'(눈으로 보고 있으면서도 주의가 다른 곳에 있어서 대상을 지각하지 못하는 현상-옮긴이)를 보여주는 영상이 있다.[61] 시청자들은 흰색 옷을 입은 사람들이 몇 번의 패스를 하는지 세어보라는 요청을 받는다. 시청자의 절반 이상이 영상의 중반에 몇 초 동안 경기장을 가로지르는 고릴라를 알아차리지 못한다. 이렇게 과학은 우리가 한 번에 두 가지에 주의를 기울일 수 없다고 못을 박아버렸다.

실제로 이론의 여지가 없이 멀티태스킹이 불가능한 상황이 있다. 친구나 파트너와 대화하면서 소셜 미디어를 정독하거나, 운전 중 문자를 보내거나, 채팅을 하면서 코딩을 하거나, 한 번에 두 가지 일을 걱정하거나, 데이터를 분석하면서 아이들을 돌보는 등의 조합이 거기에 포함된다. 가장 흔하면서 악영향이 큰 예 중 하나는 회의 중에 자극적인 이메일(생각과 감정의 소용돌이에 휘말리게 하는 유형)을 열어 어느 쪽에도 효과적으로 기여할 수 없게 되는 경우다 (회의가 끝날 때까지 이메일을 읽지 않는 절제력을 발휘할 수 있다면 얼마나 더 나았을지 생각해보라). 누구나 멀티태스킹을 시도했다가 절망적인 실패로 끝난 사례를 갖고 있다.

하지만 팟캐스트를 들으며 요리를 하거나, 어려운 문제에 대해 곰곰이 생각을 하면서 조깅을 하거나, 텔레비전 앞에서 긴장을 푸는 동안 휴대폰으로 쇼핑을 하거나, 첫 데이트에서 도자기에 그림을 그리며 상대에 대해 알아가는 등 멀티태스킹에 문제가 없어 보이는 때도 있다.

실제로 멀티태스킹에 효과가 있는 때가 있다. 한 연구에 따르면,[62] "시간을 더 잘 활용하기 위한 멀티태스킹의 비결은 서로 큰 충돌을 일으키지 않는 작업들을 찾는 데 있다"면서 특히 인지적 요구와 충돌이 적은 노련한 작업에서만 효과가 있다고 한다. 물론 노련하다는 것은 사람마다 그 의미가 다르다.

아래의 표는 업무 관련 작업과 비업무 관련 작업으로 이루어진 소규모 표본으로, 어떤 작업은 동시에 할 수 있고 어떤 작업은 그렇지 않은지를 표시한다. 하지만 언제나 그렇듯이 중요한 것은 이런 종류의 조합이 자신에게 맞는지(혹은 맞지 않는지)다.

이 표를 읽는 방법

1. 호환성을 확인하고자 하는 두 가지 활동을 선택한다. 예를 들어, '요리'와 '회의 참석'을 선택했다고 하자.
2. '요리'(첫 번째 선택한 활동)라고 표시된 열을 찾는다.
3. 이제 '회의 참석'(두 번째로 선택한 활동)이라고 표시된 행을 찾는다.
4. '요리' 열에서 '회의 참석' 행에 이를 때까지 아래로 이동한다.
5. 열과 행이 교차하는 곳에 보이는 기호가 그 두 활동의 호환성을 표시한다. ✗는 호환 가능, ✔는 호환 불가능, ?는 특정 상황이라면 두 활동을 동시에 할 수 있다는 것을 말해준다.
6. 우리의 사례에서 '요리'와 '회의 참석'이 교차하는 자리에는 ? 기호가 있다. 이는 모든 상황에서 동시에 수행하는 것은 불가능하지만, 요리하는 동안 카메라는 끄고 헤드폰을 낀 채로 회의에 참석하는 식으로는 가능할 수도 있다는 것을 의미한다.

	잔디 깎기	요리	독서	이메일 보내기	회의 참석	빨래	확산적 사고	가벼운 운동
요리	X							
독서	X	X						
이메일 보내기	X	X	X					
회의 참석	X	?	X	?				
빨래	X	X	X	X	X			
확산적 사고*	✔	✔	X	X	X	✔		
가벼운 운동	✔	✔	?	✔	✔	?	✔	
심한 운동	X	X	X	X	X	X	?	X

● 확산적 사고: diffusive thinking, 집중적이거나 선형적인 사고와 반대되는 사고 형태-옮긴이

멀티태스킹에는 약간의 상상력이 필요할 수도 있다. 예를 들어, 회의에 참석하면서 가벼운 운동은 가능하지만, 운동을 대단히 신중하게 선택해야 한다(악력 운동, 필라테스 공 위에서 몸 튕기기, 홈 오피스에서 러닝 머신 하기). 요리하는 동안 책을 읽는 것은 어렵지만 오디오북을 듣는 것은 가능하다.

다른 조합은 맥락에 따라 달라지는데, 특히 개인의 강점과 특성은 물론 요구되는 성과 수준이 영향을 준다. 예를 들어, 가장 흔하고 악명 높은 조합은 이메일과 회의다. 이메일을 보내느라 동료가 하는 말에 온전히 집중하지 못하는 상황은 어떨까? 명확하지는 않

다. 만약 집중을 요하는 이메일이 왔고 진행 중인 회의는 그것과 별 관련이 없는 경우라면? 긴 회의 중에 긴급한 이메일을 보내야 하는 경우라면? 맥락이 중요하기 때문에 잘 생각해보고 자신에게 가장 적합한 방법을 결정한 다음, 함께 일하거나 생활하는 사람들에게 당신이 선호하는 업무 방식이나 생활 방식을 명확히 알리도록 하라.

이 표에 포함되지 않은 조합이 많다. 거기에는 걱정/심사숙고와 같은 어려운 항목들도 있다. 이 경우 두 개의 서로 다른 문제를 동시에 걱정하는 것이다. 많은 사람들이 이런 문제에 부딪힌다.

사실 두 번째 활동을 통해 성과가 향상되는 경우도 있다. 분산적 사고 모드가 집중적 사고 모드로 하지 못했던 일을 해낼 수 있다. 단일 활동이 너무 쉬워서 두 번째 활동이 수반되지 않는 한 지루해지고 포기하게 될 수도 있다(예: 빨래 개기, 팟캐스트 듣기). 멀티태스킹에는 인지적 장점도 있다. 한 연구에서 미디어를 가장 자주 멀티태스킹을 하는 참가자는 다감각 통합(시각, 청각, 촉각, 미각, 후각 등 오감의 정보를 결합하고 처리하는 뇌의 능력)을 더 효과적으로 할 수 있게 되었다.[63]

멀티태스킹이 효과적인 것으로 알려진 상황에서도 타임박싱이 유용하다. 공생 관계에 있는 활동의 조합을 신중하게, 의도적으로 선택하고, 그에 따라 타임박스를 만들면, 하나의 타임박스 안에서 생산적이고 즐거운 멀티태스킹을 실행할 수 있다. 타임박싱과 이 책의 목적은 특정 신조를 강요하는 것이 아니라 시간을 잘 사용하도록 돕는 것이다. 멀티태스킹이 효과가 없는 더 많은 경우에는(흠뻑 빠져 있는 자신을 발견하더라도), 상황을 알아차리고, 하던 일을 멈추고, 필요하다면 적어둔 다음, 자책하지 않고 차분하게 타임박스로 되돌아간다.

□　□　■　□

방해 요소를 완전히 피할 수는 없다. 그것을 받아들이는 것이 삶의 일부고 타임박싱의 일부다. 전제 조건과 프롬프트, 그에 대한 대응법을 파악하면 의도에 더 가까워질 수 있고 삶에 더 큰 영향을 줄 수 있다. 이 모든 것을 완벽하게 할 수는 없다. 또 그렇게 할 필요도 없다. 다만 그것을 이용해 올바른 방향으로 나아가 보상을 얻을 수 있으면 족하다.

✓ 정리하기

- □ 방해 요소는 타임박싱을 위협한다.
- □ 주의 산만이란 주의가 산만해지기 쉬워지는 전제 조건, 산만해 지도록 자극하는 프롬프트 사건, 그에 대한 우리의 반응으로 나 눌 수 있다.
- □ 방해 요소에 대한 인식을 키우면 위의 세 가지 측면 모두에서 상황을 개선할 수 있다.
- □ 토끼굴은 (즐거움을 주지만) 생산성을 저해할 수 있다.
- □ 멀티태스킹 역시 (즐거움을 주지만) 생산성을 떨어뜨릴 수 있다.
- □ 특정한 두 활동의 조합은 동시에 수행하는 것이 가능하다. 동시 수행이 불가능한 조합도 있다. 자신에게 적합한 멀티태스킹 조 합을 찾아보라.

⏱ 생각하기

- □ 어떤 방식으로 의도한 목적에서 빗나가는 때가 가장 많은가?
- □ 오늘 하루 동안도 여러 번 타임박스나 이 책에서 주의를 빼앗기 게 될 것이다. 언제 이런 일이 일어나고 당신이 어떻게 대응하 는지에 주목해보라. 그런 발생 요인을 막을 방법을 생각해보라.

자신의 반응을 개선할 방법은 없는지 생각해보라.

□ 토끼굴에서 빠져나오는 데 도움이 되는 물리적, 시각적 보조 도
구를 만들어보라. "일정표로 돌아가자"라고 적은 메모나 스티
커, 같은 목적의 마우스패드 등이 여기에 포함된다. 직접 생각
한 메시지를 적는다면 더 효과가 클 것이다. 이런 도구들을 책
상이나 휴대폰 케이스 등에 배치해 필요한 순간에 눈에 띄도록
한다.

□ 동시에 할 수 있거나 할 수 없는 활동들의 조합을 직접 표로 만
들어보라. 당신은 어떤 조합이 가능한가? 상상력을 발휘해서
어떤 조합이 가능할지 생각해보라.

4부

내 것으로 만들라

마지막 4부에서는 타임박싱을 계속하고

온전한 나의 것으로 만드는 일을 다룬다.

주도적인 삶이라는 목표는 일, 여가, 수면이라는

우리 삶의 세 가지 주요 부분을 통한

수년, 수십 년간의 결연한 노력을 통해서만 이루어질 수 있다.

19:00
습관 만들기

핵심어: 루틴

행동

프롬프트

동기

보상

앵커링 anchoring

습관 쌓기 habit-stacking

글자 수: 6,997

독서 시간: 11분

그들 모두를 지배하는 하나의 반지
그들을 찾는 하나의 반지
그들 모두를 끌어들이는
그리고 어둠 속에 그들을 가두는 하나의 반지

— J. R. R. 톨킨 J. R. R. Tolkien (소설가)

타임박싱이 삶 안에서 결실을 맺으려면 꾸준함이 필요하다. 습관이 되면 꾸준히 할 가능성은 훨씬 더 높아진다. 습관이 되지 않으면 이 책에서 배운 내용은 결국 흩어져버린다. 하지만 습관이 된다면 자신이 원하는 사람이 되고, 원하는 일을 하고, 소중히 여기는 삶을 선택할 수 있는 문을 열게 된다.

누구나 좋은 습관이 있는가 하면 나쁜 습관도 있다. 많은 사람들이 규칙적으로 운동을 하고, 몸에 좋은 음식을 먹고, 명상을 하고, 청결하게 살고, 열심히 일하고, 이웃을 살피고, 책을 읽고, 공부를 한다. 하지만 우리는 손톱을 물어뜯고, 강박적으로 도박을 하고, 멍하니 인터넷 세상을 돌아보고, 불필요한 쇼핑을 하고, 미디어에 빠지고, 정크푸드를 마음껏 먹고, 일을 미루는 종이기도 하다.

타임박싱은 다른 습관들을 형성하고 지배할 수 있는 더 높은 위치에 있는 습관, 메타 습관meta-habit이다. 방금 나열한 좋은 습관들은 모두 그 자체로 타임박스가 될 수 있다. 타임박싱은 우리가 여러 가지 하위 습관을 개발하도록 도움을 주는 하나의 상위 습관이다. 나는 타임박싱을 다른 모든 습관을 지배하는 습관이라고 생각하고 싶다.

습관은 어떻게 작동하는가

지난 10여 년 동안 습관을 주제로 한 수많은 과학 문헌과 책들이 등장했다. 니르 이얄Nir Eyal의 《훅: 일상을 사로잡는 제품의 비밀》은 빅테크가 어떻게 제품을 설계해 우리로 하여금 습관을 형성하게 하는지 보여준다. 제임스 클리어의 《아주 작은 습관의 힘》은 행동을 더 쉽게 만듦으로써 습관을 고수할 수 있다는 아이디어를 수백만의 사람들에게 알렸다. 이 두 사람을 비롯한 많은 저자들은 행동 변화와 습관 형성에 대한 BJ 포그의 수십 년에 걸친 연구를 바탕으로 삼았다. 과학자, 신경생물학자, 행동학자, 인류학자 등 다양한 전문가들이 스크린 타임screen time(스마트폰, 컴퓨터, 텔레비전, 게임 콘솔과 같은 도구를 사용하는 시간-옮긴이)과 디지털 도파민dopamin(중추신경계에 존재하는 신경전달물질의 하나. 도파민이 분비

되면 성취감과 보상감, 쾌락의 감정을 느끼며, 인체를 흥분시켜 살아갈 의욕과 흥미를 느끼게 한다-옮긴이) 시대에 이 주제에 대한 이해의 폭을 넓혀가고 있다.

나는 타임박싱을 습관으로 만드는 것을 지극히 간단한 이유로 설명하기 위해 BJ 포그 행동 모델Fogg Behavior Model을 택했다. 내가 보기에 가장 간단하고 가장 자연스러운 방법이기 때문이다. BJ 포그는 행동을 다음과 같이 분류한다.

행동 = 동기 × 능력 × 자극

이 모델은 행동(습관을 비롯한)이 동기, 능력, 자극이 같은 순간에 모일 때 발생한다고 말한다.

예를 들어. 이번 장을 다시 읽는 것을 행동이라고 생각해보자. 당신이 이번 장을 다시 읽어보는 데에는 다음과 같은 이유가 있을 것이다.

- □ 동기가 부여되었다(타임박싱을 습관으로 만드는 것이 중요하다는 것을 알게 되었지만 처음 읽을 때는 그 방법을 잘 파악하지 못했다).
- □ 할 수 있다(1개 장을 읽는 것은 그리 어렵지 않다).
- □ 글머리 기호가 있는 항목을 읽다가 자극을 받았다.

타임박싱에는 계획(2부)과 실행(3부) 두 구성 요소가 있다는 것을 기억하라. 그들은 상호 의존적이다. 타임박스를 마쳐야만 계속 다음 타임박스를 계획할 가능성이 높아지고, 타임박스를 계획해 두어야 그것을 실행할 가능성이 높아진다. 타임박싱이 견고한 습관이 되려면 두 가지 모두가 필요하다.

당신은 이미 타임박싱에 대한 동기가 부여되었고, 할 능력이 있으며, 자극을 받았다는 것을 알게 되었다. 따라서 매일의 안정적인 타임박싱 습관을 만드는 것이 생각보다 더 쉬울 것이다.

동기

지금이면 당신은 타임박싱에 관한 책을 200페이지 이상을 읽은 상태다. 따라서 이미 타임박싱에 대한 동기가 어느 정도 부여되었다고 가정해도 좋다.

하지만 그것으로 부족하다고 느낀다면 1부에서 이야기한 혜택들을 다시 떠올려보라. 기록, 정신적 안정, 더 똑똑하게 생각하기, 협업, 생산성, 주도적인 삶의 여섯 가지 혜택이 있다. 더 좋은 방법은 자신에게 가장 의미 있는 한 가지 혜택을 골라 쉽게 떠올릴 수 있는 글귀로 만들어 프롬프트(포스트잇, 화면 보호기, 예약 이메일 등을 통해)의 일부로 만드는 것이다.

동기를 강화하는 또 다른 방법은 하루를 계획하는 일을 좋아하는 활동과 연관시키는 것이다. 예를 들어, 모닝 커피를 즐기는 사람이라면 커피를 마시는 15분 동안 하루를 계획하는 것이다. 이와 같은 긍정적인 연상은 타임박싱을 기분 좋은 활동으로 만드는 데 도움이 된다.

다양한 보상들도 의욕을 높인다. 타임박싱 계획과 연관시킬 수 있는 몇 가지 정서적 보상이 있다. 첫째, 하루를 적절한 방법으로 시작했다는 긍정적인 느낌을 받을 수 있다. 타임박스로 꽉 찬 하루를 눈앞에 깔끔하게 정리되어 있는 것만으로 만족감을 느낄 수 있다. 둘째, 타임박싱은 앞두고 있는 하루에 대한 불안감을 덜어준다. 이런 안도감을 활용하라. 안도감 자체가 습관을 더 견고하게 하는 보상이 된다. 다른 사람들과 일정표를 공유하면 사회적 만족감도 느낄 수 있다. 포그가 지적했듯이, 이런 식의 정서적 보상은 습관을 형성하고 강화하는 데 도움을 준다.

타임박스를 마치는 것은 성취감을 가져다준다. 각각의 타임박스를 마치는 것은 진정한 성공이며 기분 좋은 일이 분명하다. 그 좋은 기분을 저항하지 말고 받아들여라! 종이에 직접 체크 표시를 하거나, 이모티콘을 사용해 디지털 방식으로 표시하거나, 머릿속으로라도 성공을 인정하라. 하루 혹은 한 주를 마칠 때는, 그동안 한 일을 되돌아보면 정말 많은 일을 해냈다는 것을 깨닫고 충족감을 느낄 수 있다.

타임박싱을 재미있게 만들어라. 16장은 주로 이런 내용을 다룬다. 따분하고 지나치게 쉽거나 지루한 작업(스프레드시트에 데이터를 입력하거나, 받은 편지함을 지우거나, 설거지를 하는)도 시간 제한을 두면 흥미로운 도전이 될 수 있다.

스스로에게 엄격해져야 할 때도 있다. 변명은 접어두고 자신이 어떤 사람이 되고 싶은지, 즉 자신이 선택한 삶을 이끌어 나가는 주도적인 사람이 어떤 모습인지 떠올려라. 타임박싱을 하지 않았을 때의 단점(실망감, 불안감, 일을 완수하지 못했을 때의 영향, 심지어 죄책감과 수치심까지)을 시각화하고 과장하는 것이 유용하다. 신경 생물학자 앤드류 후버만**Andrew Huberman**의 말처럼, "성공을 상상하는 것보다 실패를 내다보는 것이 더 효과적이다."

마지막으로, 동기 부여의 궁극적인 원천은 바로 자신이라는 사실을 기억해야 한다. 눈앞의 일정표에 예정된 활동 순서를 결정하는 것은 상위의 힘이다. 그 상위의 힘은 바로 더 나은 상태, 하루의 폭풍이 몰아치기 전 고요한 시간에 있는 자신이다. 이보다 더 듣기 좋은 말이 있을까? 현재의 자아가 귀를 기울이기만 한다면 과거의 자아가 현재의 자아에게 동기를 부여하는 수호자가 될 수 있다.

능력

BJ 포그 행동 모델의 핵심 개념은 행동이 쉬울수록 행동에 필요한 동기의 수준이 낮아진다는 것이다. 마찬가지로 행동이 어려울수록 더 높은 수준의 동기가 부여되어야 한다. 따라서 이미 동기 부여가 충분히 되어 있더라도 타임박싱을 가능한 쉽게 만드는 것이 좋다.

타임박싱 계획에 필요한 것은 단 15분이다. 남은 하루의 시간을 개선하는 데 15분이면 된다는 뜻이다. 공짜나 다름없지 않은가! 그렇다 하더라도 첫 단계의 규모는 가능한 한 작게 만들어야 한다. 처음에는 15분 동안 하루를 계획하는 대신 가장 먼저 할 일에 관해 생각하라. 포그는 이를 '출발 단계starter step'라고 부른다. 타임박싱을 할 때의 출발 단계는 마이크로소프트 아웃룩이나 구글 일정표를 여는 것이 될 수 있다. 60초 동안 눈을 감고 어떤 우선순위가 드러나는지 관찰하는 것일 수도 있다. 타임박스를 실제로 계획하는 데에서의 가장 첫 요소를 가능한 가장 작은 단위로 파악한다. 쉽고, 가시적이며, 실용적인 것이어야 한다. 출발 단계를 잘 마치면 하루 계획의 나머지 일은 훨씬 더 쉽게 따라올 수 있다.

타임박스를 실행하기 위해 필요한 것은 하나의 작업뿐이다. 단하나의 작업 말이다. 화려하지도 재미가 없을 수도 어려울 수도 있다. 하지만 좀 전에 당신이 직접 고른 이 한 가지가 당신을 수천의 다른 일들로부터 해방시켜줄 것이다. 게다가 오래 할 필요도 없다. 15분(또는 30분 또는 60분)이면 된다.

프롬프트

프롬프트는 "이 행동을 지금 당장 하라"고 말한다. 빗방울이 우리로 하여금 우산을 펴게 하는 것처럼 일부 프롬프트는 자연 환경에서 발생한다. 하지만 타임박싱과 같은 다른 많은 습관의 경우에는 우리가 프롬프트를 설계해야 한다.

어떤 것이 매일 타임박스를 계획하도록 상기시키는 프롬프트가 될까? 디지털 일정표를 사용하는 사람들의 경우 그 답은 하루를 시작하는 시점의 15분짜리 일정표 항목이다. 9장에서 나는 이 타임박스를 일정표에 반복적으로 추가하라고 권했다(프롬프트!). 그때 내 권유를 따르지 않았다면 지금 추가하라(두 번째 프롬프트).

이렇게 매일의 일정표에서 보이는 약속이 프롬프트로서 성공할 수 있도록 기회를 주어야 한다. 효과를 보려면 매일 제시간에 그것을 보아야 한다. 이미 하루 일과로 가장 먼저 하는 일이 일정표 확인이라면 놓칠 리가 없으니 문제도 없다. 하지만 다른 활동으로 일과를 시작하는 경우, 그 아침 활동에서 일정표의 '오늘의 타임박싱' 약속으로 이동할 방법을 생각해내야 한다.

여기 몇 가지 예가 있다.

- 아침에 양치질이나 샤워를 하기 위해 화장실에 간다면, 거울이나 문 옆에 일정표를 확인해야 한다는 것을 상기시키는 메모를 붙여둔다.
- 처음으로 하는 활동이 커피를 만드는 것이라면 커피 잔을 보관하는 주방 찬장에 포스트잇을 붙인다.
- 우선 태블릿으로 온라인 뉴스를 읽는다면 이후 일정표로 이

동하라는 기기 알림(매일)을 설정한다.

　어떤 행동이나 루틴을 선택해서 타임박싱을 시작하게 만들든, 가장 마지막 단계에 대해 깊이 생각해봐야 한다. 포그는 이를 행동의 '트레일링 에지trailing edge'(본래의 의미는 비행기 날개의 뒷부분-옮긴이)라고 부른다. 일어나서 처음으로 하는 활동이 샤워라고 가정해보자. 그 과정의 가장 마지막 부분은 무엇일까? 빨래 바구니에 옷을 넣는 것? 화장실 불을 끄는 것? 애프터쉐이브나 향수를 뿌리는 것? 아니면 또 다른 것? 무엇이 되었든 그것을 바로 타임박싱을 시작할 자극으로 삼아라. 하루의 타임박싱을 하려는 물리적 장소가 방에 있지 않다면 조금 더 까다롭게 타임박싱을 하려는 장소에 도착할 때까지 소리를 내서 "다음은 하루의 타임박싱을 하겠어!"라는 식으로 실제 입으로 소리를 낸다. 이런 전환의 과정에서 프롬프트를 놓치지 않게 하는 것이 효과적이다.

　개발하려는 행동(타임박싱)을 깊이 자리 잡은 습관(샤워, 커피, 태블릿)에 고정하는 방법을 포그는 '앵커링anchoring'이라고 부른다. 이후 제임스 클리어는 나중에 '습관 쌓기habit stacking'라는 용어를 사용했다.[64]

　그렇다면 하루 종일 타임박스를 실행하도록 하는 자극은 무엇일까? 바로 일정표에 만들어둔 일련의 타임박스다. 일정표를 가까이하기만 하면 된다.

물론 하루를 보내다 보면 타임박싱에서 멀어지게 만드는 일이 생기기도 한다. 전화가 울리거나, 딸이 질문을 하거나, 누군가 문을 두드린다. 여기서 중요한 것은 자신이 계획에서 벗어났다는 점을 인식하는 것이다. 이런 인식의 순간이 바로 일정표와 타임박스로 돌아가게 하는 프롬프트다. 예를 들어, 많은 사람들이 하루에도 몇 번씩(휴식 후, 회의 후) 컴퓨터 앞에 앉는다. 타임박스가 배치된 일정표는 그 자체가 긍정적인 자극이지만, 타임박스가 효과적인 프롬프트가 되려면 우리가 일정표를 마주해야만 한다. 그렇다면 업무를 재개하기 위해 자리에 앉은 당신은 정확히 어떤 과정을 거칠까? 노트북을 여는가? 그렇다면 노트북 위에 스티커를 붙여 일정표로 돌아가야 한다는 것을 상기시켜라. 아니면 화면 보호기를 가장 먼저 보게 되는가? 그렇다면 화면 보호기에 일정표로 돌아가라는 메시지를 만들어두라. 의자를 당기는가? 이 경우에도 스티커를 적절히 이용하면 꼭 필요한 순간에 일정표로 돌아가야 한다는 것을 상기시키는 역할을 하게 할 수 있다.

□ □ □ ■

타임박싱은 새로운 행동이 아니다. 누구나 약속, 회의, 스케줄이 있으며, 대부분의 사람들이 이미 디지털 일정표를 사용하고 있다. 따라서 당신이 만들어야 하는 습관은 새로운 습관을 만드는 것이 아니라 기존의 행동을 확장하는 것이다. 따라서 성공 확률이 상당히 높다. 사실, 이 책을 읽는 동안이면 충분히 타임박싱을 습관으로 만들 수 있다.

중요한 습관은 꾸준히 유지하는 것이다. 여기의 조언을 따르면 곧 무의식적으로 타임박싱에 뛰어난 능력을 발휘하게 될 것이며, 부차적인 습관들도 쉽게 자리 잡게 할 수 있다.

☑️ 정리하기

☐ 꾸준한 타임박싱은 인생 전체에 큰 변화를 가져올 것이다.

☐ 타임박싱은 다른 여러 습관의 지침이 되고 체계를 세우는 기초적인 습관의 역할을 한다.

☐ 포그 행동 모델은 이렇게 말한다: 행동=동기 부여×능력×자극. 습관이 형성되려면 이 세 가지 요소가 모두 필요하다. 당신은 이미 이 세 가지 요소를 충분히 갖추고 있다.

☐ 타임박싱(계획과 실행)을 기존 습관에 고정시켜(앵커링) 더 쉽게 만든다.

☐ 타임박싱은 새로운 것이 아니다. 타임박싱은 기존 행동(일정표 사용)의 확장이자 개선이며, 이 때문에 습관으로 받아들이는 일이 훨씬 쉽다.

⏱️ 생각하기

☐ 타임박싱에 대한 동기와 능력을 모두 점검해보라. 어떻게 하면 이들을(둘 중 하나라도) 향상시킬 수 있을까?

☐ 미래의 자신에게 타임박싱을 시작하기로 결심한 이유를 담은 이메일(한 달 후 발송되는 이메일)을 보내라. 이메일을 받았을 때

타임박싱이 이제 습관이 되었는지 자문해보라.

□ 타임박스를 시작하거나 완료하는 데 어려움을 느끼는 순간이 언제인지 알아보라. 작업이 지루할 때인가? 어려울 때인가? 아니면 특정 사람만을 위한 작업일 때인가? 아니면 약속이 자동화되어 있을 때인가?

□ marczaosanders.com/rtc에서 일정표로 복귀하기라는 스크린 세이버를 다운로드하라. 더 좋은 방법은 직접 만드는 것이다.

20:00

마음챙김과
닮은꿀

핵심어: 마인드 컨트롤

명상

선禪

현재의 순간

안식처

주체성

비유

글자 수: 3,152

독서 시간: 5분

타임박싱을 실용적이고 접근하기 쉬운 형태의 마음챙김이라고 생각하면 더 의욕적으로 접근할 수 있다. 마음챙김에 대한 경험이 있고 마음챙김 상태에 도달하는 데 도움이 되는 수행법을 알고 있다면 도움이 될 것이다. 마음챙김의 삶을 영위하고자 하는 바람이 있다면 더 흥미를 갖게 될 수도 있다. 마음챙김이란 다음과 같은 상태를 말한다.

온전히 현재에 집중하고, 내가 어디에 있는지, 무엇을 하고 있는지 인식하며, 주변에서 일어나는 일에 지나치게 반응하거나 주의가 산만해지지 않는 정신 상태이 정의를 읽다 보면 타임박싱이 이들 특징 중 몇 가지를 공유한다는 생각이 들 수도 있다. 하지만 타임박싱은 사람들에게 더 쉽게 받아들여지며 접근도 쉽다.

마음챙김과 타임박싱은 비슷하다

타임박싱과 마음챙김에는 눈에 띄게 닮은 점이 매우 많지만 여기서는 몇 가지만 이야기한다.

둘 다 마음에 대한 더 큰 통제력을 발전시키는 일이다. 통제력을 키우면 정신적 노력을 필요로 하는 목표에 착수했다가 방해 요

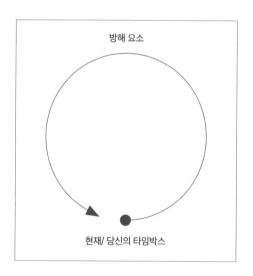

소를 만날 경우에도, 그 방해 요소를 인식하고(메타인지 기술) 판단이나 자책 없이 의도했던 활동으로 돌아올 수 있다. 두 회의 사이에 짧은 의식적인 정지 시간(그 자체를 타임박스로 만들 수도 있다)을 갖는다면 첫 번째 회의와 두 번째 회의의 정신 활동을 분리하는 인지적 완충 장치를 만들어 두 회의의 경험을 개선하고 두 가지 방법을 결합할 수 있다. 두 방법 모두 우리의 주체성을 개발하고 주체의식을 키우는 데 도움이 된다.

또한 이 두 가지 방법들은 우리가 부담에 압도되지 않도록 보호한다. 마음챙김은 우리가 매일 접하는 놀랄 만큼 많은 양의 감각 데이터와 정보를 처리하고 중요한 것에 집중하고 음미하는 데 도움을 준다. 타임박싱은 우리가 매 순간 마주하는 엄청난 수의 선택을 감당하는 데 도움이 된다. 나머지는 버리고 중요한 단 하나의 일만을 선택해 거기에 집중할 수 있게 한다. 두 가지 모두 당황스럽게 많은 선택지 중에서 단 한 가지에 주의를 집중하는 방법이다. 두 가지 모두 우리를 불안하게 하는 생각과 감정으로부터 보호해주는 피난처이자 쉼터, 안전 구역이자 요새, 심지어 성소, 안식처, 오아시스가 되어 준다.

둘 모두 더 평온하고 더 바람직한 순간 속의 우리 자신이라는 더 높은 힘에 접근할 수 있게 해준다. 마음챙김은 우리 내면의 생각과 깊은 곳에 자리 잡은 감정(그 당시 우리에게 진정으로 흥미롭거나 두렵거나 중요한 삶의 측면)에 접근하고, 알아차리고, 이해하는 데 도움을 준다. 타임박싱은 산만하지 않고 동요하지 않은 자아의 선명한 사고와 계획으로 돌아갈 수 있는 지속적인 연결 고리를 제시한다.

둘 다 과거나 미래보다 현재를 우선한다. 마음챙김은 우리의 주의를 현재의 순간으로 향하게 한다. 샘 해리스Sam Harris(미국의 유명 논객이자 신경과학자-옮긴이)의 말처럼 "미래는 결코 오지 않는다."[65] 마찬가지로 타임박싱을 진행할 때는 현재 내가 있는 타임박스만이 존재한다는 느낌이 든다. 타임박싱은 끊임없는 격려로 우리가 상자로 만들어진 현재에 집중하도록 한다.

둘 모두 감사하는 마음을 쌓게 한다. 마음챙김은 지금 이 순간 그렇지 않았다면 당연하게 여길 수 있는 우리 삶의 축복에 대한 감사와 고마움을 느끼도록 한다. 타임박싱은 우리가 마주한 방대하고 부담스럽고 견디기 힘든 선택이 우리 인간의 역사상 누구도 거의 누려보지 못한 특권임을 상기시킨다.

타임박싱의 궁극적인 혜택들(1부에서 설명한)은 마음챙김의 혜택과 일치한다. 마음챙김은 자기 인식을 통해 자신을 더 잘 알 수 있게 해준다. 받아들임을 통해 평온의 수준에 이를 수 있다. 명료함을 통해 더 똑똑하게 생각할 수 있다. 공감과 친절을 통해 더 나은 협력이 가능하다. 집중을 통해 더 많은 일을 한다. 그리고 의도를 통해 좋은 삶을 이끌어간다.

하지만 타임박싱은 더 쉽다

사람들은 2,500여 년 전부터 마음챙김을 실천함으로써 통찰력을 얻고 스트레스를 줄이고 건강을 증진하는 엄청난 혜택을 얻었다.

하지만 매 순간 이런 의식 상태를 끌어내고 유지하는 것은 쉽지 않은 일이다. 이런 의식 상태는 지극히 여리고 수명이 짧다. 언제 마음챙김의 상태를 달성했는지조차 알기 어렵다. 다른 사람이 당신이 마음챙김 상태에 이르렀는지 아는 것도 불가능하다. 반면에 타임박싱은 손에 들고 있는 좋은 책과 같아서 쉽게 접근할 수 있고 안정적이며 믿을 수 있다.

타임박스는 유형적이다. 일정표에 있는 약속이다. 가리킬 수 있다. 편집할 수도 있다. 타임박스는 당신이 언제 무엇을 해야 하는지 정확하게 말해준다. 이해하기 어려운 부분이 한 점도 없다.

타임박스는 너그럽다. 예를 들어, 30분이라는 기간 동안 실수를 해서 주의가 산만해져도 방해 요소를 알아차리고 다시 궤도로 돌아갈 수 있는 기회가 여러 번 주어진다.

타임박스는 그 성공과 실패가 명확하다. 작업을 시간 내에 마치거나 마치지 못하는 두 가지 경우뿐이다. 통과 혹은 실패다. 어느 쪽이든 우리는 반성하고 개선한다. 이런 피드백 루프는 명확한 결과를 얻을 수 있다는 점에서 매우 확실하고 견고하고 유익하다.

이번 장이나 이 책의 내용에는 마음챙김의 전통을 약화시키려는 의도가 전혀 없다. 오히려 일부 사람들에게는 더 쉽고 더 가시적인 타임박싱이 마음챙김의 삶을 향한 디딤돌 역할을 할 수도 있다.

□ □ □ ■

타임박싱과 마음챙김은 서로에게 도움이 될 수 있다. 두 가지를 함께 생각하면 타임박싱은 더 매력적인 것이 되고 마음챙김은 더 쉽게 달성할 수 있는 것이 된다.

☑ 정리하기

- □ 마음챙김과 타임박싱은 많은 특성을 공유한다.
- □ 타임박싱은 많은 사람들이 더 쉽게 접근할 수 있다.
- □ 타임박싱을 마음챙김으로 향하는 길로 사용할 수 있다.

⏱ 생각하기

- □ 마음챙김과 타임박싱 사이에 다른 비슷한 점이 있을까?
- □ 당신이 적극적으로 주의를 돌려 집중력을 되찾는 다른 상황이 있다면 언제일까? 언제 이런 일을 가장 잘하는가? 이런 일이 가장 하기 힘들 때는 언제인가?
- □ 15분짜리 타임박스를 배치해 타임박싱에 대한 명상을 해보라. 눈을 감고 타임박싱을 생각하면서 그 시간 동안 자신에게 어떤 일이 일어나는지 관찰한다. 그 후, 기억나는 것을 적는다. 마음챙김과 타임박싱 사이에 또 다른 비슷한 점이 있는가?

21:00

더 나은 휴식

핵심어: 휴식
회복
에너지
재충전
일시 정지
일시적 중단
이완
느긋한 시간
눈 감기
호흡, 심호흡

글자 수: 4,314
독서 시간: 8분

쉬어라, 그리고 감사해라.

— 윌리엄 워즈워스**William Wordsworth**(영국의 낭만파 시인-옮긴이)

우리는 휴식을 취하는 가장 좋은 방법에 대해 충분히 생각하지 않는다. 우리 대부분은 정신적으로나 육체적으로 지쳐서 시간을 가장 잘 보내는 방법을 선택할 만한 이상적인 상태가 아닐 때 휴식을 취한다. 이제는 작업의 타임박싱과 마찬가지로 휴식, 재충전도 더 주도적으로 택할 방법을 찾아보자.

휴식은 극히 중요하다. 마이크로소프트가 2021년 실시한 한 연구에서는[66] 뇌전도electroencephalogram, EEG를 사용해 연이어 가상 회의를 한 참가자와 회의들 사이에 짧은(10분) 휴식을 취한 참가자의 베타파 움직임(스트레스와 관련된)을 비교했다. 이 실험을 통해 세 가지의 식견을 얻을 수 있었다. 첫째, 휴식을 통해 뇌가 재설정되면서 바쁜 일과에서 누적되는 스트레스를 줄일 수 있다. 둘째,

휴식은 전두엽 좌우반구 간의 알파파 파워 차이frontal alpha asymmetry 를 긍정적인 수준으로 개선한다(집중력과 몰입도 향상 등을 비롯한 여러 혜택과 관련된). 셋째, 한 회의에서 다음 회의로의 휴식 없는 전환은 스트레스의 급증을 낳는다. 휴식은 기분을 전환하고 성과를 높이는 데 도움을 준다.

휴식은 중요하지만 필요로 하는 휴식과 휴식을 통해 얻는 것은 사람마다 다르다. 여기에서는 주로 일과 중 휴식에 초점을 맞추겠지만, 주말과 공휴일에 대해서도 잠깐 언급할 것이다.

대부분의 고용주에게는 휴식 시간을 허용해야 하는 법적 책임이, 직원에게는 휴식 시간을 가질 권리가 있다. 영국의 경우, 한 번에 4시간 30분 이상 일한 사람은 30분 이상의 휴식 시간을 가질 권리가 있다.

이 책을 읽는 대부분의 사람이 자신의 법적 권리를 인식하고 누리고 있다고 가정한다. 또한 책 전체에 걸쳐 언급했듯이 당신에게 휴식 시간을 선택하고 계획할 수 있는 여지가 있다고 가정한다.

그렇다면 왜, 어떻게, 얼마 동안 휴식을 취해야 할까?

어떤 목적으로?

휴식과 관련된 활동을 목적에 따라 분류하기로 하자. 이는 타임박싱의 의도와 이 방법이 의지하고 이끌어내는 주체성을 말한다. 따라서 다른 방식(예: 사교, 기분 전환, 학습 등)으로 나눌 수도 있겠지만, 그런 방식은 타임박싱의 핵심인 왜라는 문제에 이르지 못한다. 우리가 휴식을 취하는 데에는 여러 가지 이유가 있다.

□ 정신을 위해서. 뇌를 쉬게 하거나 기분을 전환함으로써 스트레스를 줄이고 다음 일을 위한 최상의 컨디션을 만들기 위함이다.
□ 몸을 위해서. 우리의 살과 뼈에 영양을 공급하기 위해 이는 비활동에서 격렬한 활동에 이르기까지 다양한 방법으로 달성할 수 있다.
□ 성취에 대한 보상을 위해서. 19장에서 보았듯이, 보상은 동기를 부여하고 장려책 역할을 하며, 뇌에서 반응과 보상 사이의 긍정적인 연결을 만들고 건전한 실행을 습관으로 굳히게 한다.

우리가 참여를 선택할 수 있는 활동(다음 표 참조)은 다음 범주 중 하나 이상에 속하며, 우리는 목적에 맞는 활동을 선택해야 한다.

휴식 시간을 관리, 학습, 경력 개발 등 생산적이고 비핵심적인 목적에 사용하는 사람도 많다. 물론 칭찬할 만한 일이지만, 내 생각에 이런 목적의 활동은 작업에 해당하기 때문에 표준 타임박싱으로 처리해야 한다.

휴식 시간을 어떻게 보내나

가능성은 무궁무진하다! 하지만 대부분의 사람은 우리 손에 있는 수많은 선택지를 적극적으로 고려하지 않는다. 위에서 설명한 세 가지 목적 중 하나로 분류되는 가장 흔한 휴식 관행들을 택해 이를 바로잡아 보자.

활동	정신을 위한	몸을 위한	보상
명상	✔		✔
파워 냅*	✔	✔	✔
잠시 눈 감기	✔		
호흡 훈련	✔	✔	✔
화면에서 멀어지기	✔	✔	
짧은 산책[67]	✔	✔	✔
간식 먹기		✔	✔
음료 마시기	✔	✔	✔
외부 응시하기(가능하면 자연)	✔	✔	✔
고강도 운동(빠른 속도의 달리기와 같은)		✔	
저강도 운동(요가와 같은)	✔	✔	✔
동료와의 수다	✔		✔
소원했던 사람과의 연락	✔		✔

메시지 확인			✔
독서	✔		✔
책상 정리	✔		✔
중요한 다음 회의를 위한 마음 가다듬기[68]	✔		
자연과 함께하기	✔	✔	✔
백일몽	✔		
스트레칭	✔	✔	✔
가족에게 전화하기	✔		✔
보고 싶었던 기사 읽기	✔		✔
다른 사람에게 감사의 마음 표현하기	✔		✔
일기 쓰기	✔		
낙서하기	✔		✔
기도하기	✔		✔
화장실 가기		✔	

• 파워 냅: power nap, 기력을 회복하기 위한 짧은 시간의 낮잠-옮긴이

위의 모든 항목은 당신의 상황에 맞게 조정할 수 있으며, 조정해야 한다. 예를 들어, 음식이나 음료의 종류는 사람마다 다르다. 다만 과학에 의지하자면 단백질, 탄수화물, 지방이 함유된 음료는 인지 능력에 미치는 영향에 차이가 있다.[69] 휴식과 보상이 되는 책이 있는가 하면, 정반대인 책도 있다. 동료와 가족도 마찬가지다. 따라서 상황에 따라 당신이 이용할 수 있는 다양한 옵션 중에서 가

장 적합한 휴식 활동을 선택해야 한다.

위의 목록은 폭넓은 예를 보여주기 위한 것이지 판단을 내리기 위한 것이 아니다. 또한, 당신 대신 선택하려는 것이 아니라 당신에게 영감을 주기 위한 것이다. 자신에게 가장 적합한 휴식이 어떤 것인지는 당신만이(특히 더 나은 순간의 당신만이) 알 수 있다. 이를 더 잘 알기 위해서는 더 많은 것을 알아차려야 한다. 어떤 휴식 활동이 어떤 상황에서 가장 도움이 되는지 주의를 기울이고 조정하고 반복하라.

마지막으로, 기분 전환의 간접적인 이점 중 하나가 고심하던 문제의 해결이라는 것을 기억하라. 주의를 기울이지 않고 있는 시간에 집중했을 때 찾지 못하는 길을 찾아내기도 한다. 데이비드 오길비 David Ogilvy(세계적인 광고대행사 오길비 앤 매더 Ogilvy & Mather의 창립자로 현대 광고의 아버지라 불린다-옮긴이)는 이를 멋지게(그리고 매혹적으로) 표현했다. "의식을 정보로 채우고 합리적인 사고 과정에서 벗어나라. 긴 산책을 하거나, 욕조에서 따뜻한 물로 목욕을 하거나, 클라레 claret(프랑스 보르도산 적포도주-옮긴이) 1파인트(320밀리리터)를 마심으로써 이 과정을 도울 수 있다."

얼마나 오래?

대부분이 45~60분마다 몇 분씩 휴식을 취하라고 조언한다. 온라인에서 널리 공유되는 일부 데이터에 따르면 52분 일하고 17분 쉬는 것이 생산성이 높은 사람들의 작업 방식이라고 한다.[70] 그만큼 널리 인용되지는 않지만 더 근거가 확실한 연구들은 10분의 유산소 운동이 인지적으로 유익할 수 있고,[71] 짧은 기분 전환이 집중력에 실질적인 도움이 될 수 있다고 말한다.[72]

다시 한번 강조하지만, 중요한 것은 자신에게 맞느냐다. 무엇이 가장 효과적인지 실험하고 알아내는 것은 자신의 몫이다. 휴식을 취하지 못하면 업무 성과가 저하되는 것처럼, 너무 오랜 시간의 휴식이 지나치게 많으면 마찬가지 결과가 빚어진다. 때문에 적절한 균형을 찾아야 하고 그러기 위해서는 더 많은 것을 알아야 한다. 휴식 시간이 얼마나 짧아지면 휴식이 충분하지 못했다고 느끼는가? 휴식 시간은 얼마나 길어지면 지나치다는 생각이 드는가? 휴식 시간이 시작될 때 가장 끌리는 활동을 선택하는 대신, 휴식 시간이 끝났을 때 가장 기분이 좋아지는 활동을 고려하라.

나는 5분 또는 10분 휴식 시간을 갖곤 한다. 30분 타임박스에서 5분을 쉬고(작업에 25분), 60분 타임박스에서 10분을 쉰다(작업에 50분). 15분 타임박스 후에는 휴식이 거의 필요치 않다. 내 일정표의 기본값은 25분과 50분으로 설정되어 있다. 적절한 기본 휴식 시간이 있는 타임박스를 설정하는 것이 효율적이고 효과적이다.

업무 외 시간

바쁜 일과 중에만 휴식을 하는 것은 아니다. 실제로 우리는 정규 근무 시간 이외의 시간, 휴일, 휴가로 더 많은 시간을 보내고 그 안에서 휴식을 더 많이 취한다.

일과 중의 휴식과 마찬가지로 여가 시간, 휴일, 휴가를 보낼 방법도 주도적으로 선택해야 한다. 어떤 목적으로 사용할지 고려하고 주도적으로 사용해야 하며, 업무 외 시간이라고 불리는 세 가지 유형 모두 그 자체를 효과적으로 타임박싱할 수 있다는 것을 유념해야 한다. 나는 업무 외 시간의 약 절반을 타임박싱에 포함시킨다.

□ □ □ ■

휴식은 타임박싱의 필수 요소다. 적절한 휴식은 생산성을 높이고 스트레스를 줄인다. 다음 요소를 고려해 사기와 에너지를 충전하는 의도적인 휴식 시간을 만들자. 자기 경험의 연금술사인 당신에게는 자신이 선택한 묘약에 노동, 창의성, 상호 작용, 휴식을 잘 혼합할 책임이 있다.

☑ 정리하기

□ 우리에게는 몸과 마음을 쉬게 하고 성취에 대한 보상이 되는 휴
식이 필요하다.

□ 휴식 시간에 무엇을 할 수 있을지 사전에 주도적으로 폭넓게 생
각해보라. 많은 선택지가 있다.

□ 30분 집중할 때마다 5분 정도 쉬는 것이 보통 적절한 비율이다.

□ 업무 외의 휴식도 중요하며, 이에 대한 신중한 태도를 가져야 한다.

⏱ 생각하기

□ 이번 장의 표에 있는 활동 중 가장 좋은 휴식으로 느껴지는 것
은 무엇인가(그 정도는 측정하기가 어렵다)?

□ 위에 나열되지 않은 건설적인 활동을 두세 가지 더 생각해보라.

□ 평상시에 몸과 마음의 휴식 중 어느 쪽이 더 도움이 되는가? 지
금은 어느 쪽의 휴식이 더 필요한가?

22:00

숙면의
이로움

글자 수: 4,486

독서 시간: 7분

내게 빛은 전환의 신호다. 그것은 빛 속이 아닌 빛이 도착하기
이전에 존재한다. 어떤 면에서는 그것이 나에게 힘을 준다.
— 토니 모리슨Tony Morrison(노벨 문학상을 수상한 미국의 소설가-옮긴이)

8시간 동안 진행되는 긴 회의를 앞두고 있다고 상상해보자. 당신은 회의 시간 내내 집중해야 한다. 그 회의에서 당신의 성과는 다음 날과 그 후의 기분에 큰 영향을 준다. 이렇게 부담이 큰 회의라면 아마 신중하게 준비할 것이다. 사실 누구나 매일 밤 그런 중요한 일을 치른다. 하지만 대부분의 사람들은 그것을 위한 준비를 거의 하지 않는다.

지금까지 이 책은 일과 여가로 나눈 16시간 정도의 깨어 있는 시간에 대해 이야기했다. 이제 수면을 위한 8시간 정도가 남아 있다. 타임박싱이 남은 삶의 3분의 1에 어떤 도움을 줄 수 있을까?

몇 가지 가정을 해보기로 하자. 나는 수면이 기분, 건강, 생산성의 중요한 조력자라고 가정할 것이다. 또한 좋은 수면 위생에 다음

의 것들이 포함된다고 가정할 것이다(단, 여기에 제한되지 않는다).

□ 규칙적인 수면 일정
□ 늦은 시간보다는 이른 시간의 운동
□ 낮잠의 적절한 사용
□ 계획된 수면 시간 직전에 알코올, 니코틴, 카페인을 비롯한
  각성제 줄이거나 피하기
□ 낮, 저녁, 밤 시간에 걸친 빛, 특히 자연광에 대한 노출 관리
□ 어둡고 적절한 온도의 조용하고 편안한 환경
□ 수면 전 자극이 되는 활동, 특히 걱정 피하기

수면 위생에 대해서는 많은 과학적 증거가 있으며[73] 계속 늘어
나는 추세다.[74] 따라서 이번 장의 초점은 타임박싱이 수면 위생, 즉
수면의 질, 기분, 건강, 생산성 개선에 어떤 도움을 주는지다.

아침에는 자연광

숙면으로 가는 길은 잠에서 깨어날 때부터 시작된다. 숙면을 위
해서는 기상 직후 자연광을 받아야 한다.

□ 일주기성 리듬을 조절하는 데 도움이 된다. 이렇게 하면 필요할 때 더 맑은 정신으로 활기차게 생활할 수 있으며, 16시간 정도 후에 잠들기가 더 쉬워진다.

□ 기분과 에너지를 끌어올린다. 자연광은 기분을 조절하는 신경전달물질, 세로토닌의 생성을 자극해 기민함과 집중력을 높이는 데 도움을 준다.

□ 비타민 D 수치를 높인다. 햇빛 노출은 우리 몸이 비타민 D(뼈, 치아, 근육, 면역 체계의 건강을 돕는)를 생성하는 주요 방법 중 하나다.

□ 생산성 향상. 자연광은 인지 능력, 주의력, 생산성을 향상시키는 것으로 나타났다.

토니 모리슨처럼 날이 밝기 전에 잠에서 깬다면 고요한 어둠과 은은한 조명 속에서 시간을 보내도록 하라. 햇빛을 받을 수 있는 자리를 찾는 것이 좋다. 그것이 불가능하다면 인공조명을 사용하되 가능한 자연광을 보충해야 한다.

이후 낮 동안에는 자연광을 쉽게 접할 수 있는 환경에서 일하도록 노력하라. 한 연구는 낮 동안 햇빛에 노출된 사람은 햇빛이 없는 근무 환경에 있는 사람보다 46분 더 잔다는 것을 발견했다.[75]

아침(또는 이른 오후)에 운동을 한다. 낮 동안 운동을 한 사람은 그렇지 않은 사람보다 잠을 더 잘 잔다. 잠자리에 들기 직전의 운동은 역효과를 낳을 수 있다.

수면을 개선하는 대책도 타임박싱에 포함시킨다. 하루의 첫 타임박스에는 망막을 자연광에 노출하라. 첫 번째 작업이 하루의 타임박싱이라면(내가 매우 바람직하게 여기는 상황), 자연광이 들어오는 장소에서 타임박싱을 실행하도록 하라. 그리고 그날 아침(혹은 이른 오후)의 운동 타임박스를 만들어 몸이 가장 필요로 할 때 운동을 하도록 하라.

낮잠의 필요

낮잠의 혜택은 이른 아침의 자연광이 주는 혜택과 비슷한 면이 많다. 낮잠은 기분, 주의력, 인지 기능 향상에 도움이 된다. 많은 사람의 경우 낮잠은 식후 오후에 주로 발생하는 나른함을 달래야 하는 절실한 필요를 충족시킨다.

낮잠은 많은 사람들이 선호하는 관행이다. 수면 캡슐sleeping pod 은 아직 흔하지는 않지만 직원들의 웰빙을 중시하는(동시에 생산성을 극대화하고자 하는) 기업에서 그 인기가 높아지고 있다. 그리고 시에스타, 리포시노riposino(이탈리아의 낮잠을 위한 휴식 시간-옮긴이), 이네무리inemuri, 居眠り('쉰다'는 뜻의 일본어, 시간이 빌 때 짧게 드는 잠-옮긴이) 등은 여러 문화권에서 수세기 동안 이어진 중요한 관행이다.

낮잠을 잘 수 있는 상황이고 낮잠을 자고 싶다면 적절한 방법을 지켜야 한다. 20~30분 정도가 남은 하루나 그날 밤 수면에 큰 영향을 주지 않으면서 혜택을 볼 수 있는 이상적인 시간이다. 수면에 도움이 되도록 환경을 조성하라(다음 부분 참조). 요가 니드라yaga nidra와 같은 수면 요가도 도움이 된다. 낮잠을 일정에 규칙적으로 포함시킬 수 있는 경우라면 거의 같은 시간에 낮잠을 잠으로써 몸이 낮잠에 익숙해지도록 하라. 즉, 낮잠의 타임박스를 만들라.

마지막으로, 자신에게 효과가 있는 방법을 실험하고 찾도록 하라. 수면 시간, 시점, 음악, 카페인, 낮잠, 디퓨저, 자기 최면self-hypnosis(최면의 원리와 기법을 스스로에게 적용하는 최면법-옮긴이), 아스트랄 투사astral projection, out-of-body experience, OBE(의식을 육체와 독립적으로 이동시키는 것-옮긴이), 졸면서 생각할 것 선택하기 등 다양한 방법을 시도해볼 수 있다.

숙면을 위한 준비

저녁의 수면 준비 루틴으로 수면의 질을 높일 수 있다.

거꾸로 헤아려보자. 언제 일어나고 싶은가? 오전 7시라고 가정해보자. 8시간을 잔다면 밤 11시에는 잠자리에 들어야 한다. 잠자리에 들기 몇 시간 전(이 경우 오후 9시)부터 서서히 준비를 시작해야 한다. 다른 활동을 멀리하고 오로지 잠을 위한 준비만 하라는 의미는 아니다. 하지만 몇 가지 조건이 충족되는지 확인하고 숙면에 불리한 특정 활동을 삼가야 한다.

앞에서 나열된 수면 위생 요인들의 목록에서 처음 세 가지는 이미 다루었다. 알코올과 각성제 섭취를 줄이거나 금한다. 음악이나 오락의 종류와 음량을 조절해 받아들이는 소리도 줄인다. 부드럽고 어두운 환경을 만들어 받아들이는 빛의 양을 줄인다. LED 화면에서 방출되는 청색광에 눈을 노출시키지 않도록 노력한다(현재 많은 스마트폰과 노트북에는 청색광을 조절하고 시간을 설정할 수 있는 기능이 있다). 잠들려면 몸의 온도가 내려가야 한다. 섭씨 18~20도(화씨 64~68도)가 대부분 사람에게 적당한 온도라는 점에 유의해 편안한 수면 환경을 만든다. 마지막으로, 이런 시간에는 다음과 같은 편안한 활동을 한다.

해도 좋은 일	하지 말아야 할 일
• 따뜻한 물에 목욕하기 • 마사지 • 명상 • 일기 쓰기 • 차분한 음악이나 조용한 팟캐스트 듣기 • 조용히 어수선한 것들 정리하기	• 공포 영화 보기 • 비디오 게임 하기 • 과식하기 • 적대적인 대화 • 받은 메일함을 살피고 꼬리를 무는 일에 대한 생각에 빠지기

사실, 잠들기 전 한두 시간 동안 화면을 보지 않는 것만으로도 앞에 언급한 효과의 90퍼센트를 얻을 수 있다. 타임박싱은 특정 시간 동안 어떤 일을 하지 못하게 하는 역할도 할 수 있다. 이런 의도적인 박탈은 습관화해야 할 중요한 행동이지만 90퍼센트의 사람들이 거기에 실패한다.[76]

마지막으로, 여기의 많은 조언들이 주변 사람들에게도 적용된다는 것을 기억하라. 이런 습관이 자녀, 배우자, 룸메이트 등에게도 도움을 줄 수 있다. 이들에게 영향을 줄 수 있는 범위를 고려해 실천하라. 가까운 사람들의 수면 부족은 당신의 수면에도 영향을 미칠 수 있다.

□　□　□　■

숙면은 기분, 건강, 생산성의 향상으로 이어진다. 바람직한 수면 위생은 숙면으로 이어진다. 그리고 특정 행동과 활동의 타임박싱은 바람직한 수면 위생으로 이어진다. 그러므로 수면 루틴을 타임박스로 만들도록 하라.

✅ 정리하기

□ 숙면은 기분, 건강, 생산성에 큰 영향을 미친다.

□ 수면 위생에는 수면의 질을 개선하기 위한 상식적인 조치를 취하는 것이 포함된다.

□ 따라서 이른 아침의 자연광 노출, 운동, 짧은 낮잠, 저녁의 수면 준비(소음과 빛 줄이기, 차분한 활동, 스크린 타임 없애기)와 같이 수면 위생을 개선하기 위한 조치를 타임박스로 만드는 것이 좋다.

□ 이런 관행으로 주변 사람들도 혜택을 볼 수 있다.

🕹 생각하기

□ 지금 당장 내일부터의 일정표에 햇볕을 쬐고 운동을 하는 타임박스를 반복해서 설정하라.

□ 당신의 수면 위생은 어떤 상태인가? 평소에 흔히 하는 긍정적인 습관과 부정적인 행동을 적어보라. 추가할 수 있는 바람직한 행동은 더 없을까? 없앨 수 있는 바람직하지 못한 행동이 있을까?

□ 바람직하지 못한 수면 위생 습관을 없애기 위해 지금 당장 할 수 있는 일 한 가지를 생각해보라.

□ 다음 장을 준비하기 위해, 또 지금 이용할 수 있는 다양한 수면 보조 수단을 고려해보기 위해, 수면의 질을 높이는 데 사용할 수 있는 기술에는 어떤 것이 있을까? 앱(수면 추적기, 호흡, 가이드 명상[명상 교사나 녹음된 오디오가 일련의 시각화, 긍정 또는 마음챙김 연습을 통해 사용자를 안내하는 명상의 한 형태-옮긴이]), 착용형 수면 추적기(반지, 시계), 블루투스 안대, 스마트 매트리스, 무게감 있는 담요 이외에도 정말 전문적인 뉴로피드백(피험자가 의식적으로 뇌파를 조절할 수 있도록 돕는 방법-옮긴이)과 뇌파 장치 등이 있다.

23:00

도구와 기술

핵심어: 하드웨어

소프트웨어

기능

디지털

아날로그

메타인지metacogniton

(1970년대에 발달심리학자

존 플라벨J. H. Flavell이 창안한

용어, 자기 생각에 대해 생각하는

능력, 상위인지, 초인지-옮긴이)

글자 수: 4,442

독서 시간: 7분

○
○
○
○
○
○
○
○
○
○
○
○

기술은 유용한 하인이기도, 위험한 주인이기도 하다.

— 크리스티안 L. 랑게│Christian Lous Lange(노르웨이의 국제평화운동가-옮긴이)

인쇄된 책은 시대의 변화를 따라갈 수 없다. 때문에 www.marczaosanders.com/tech에서 이번 장의 온라인 버전을 계속 업데이트할 생각이다.

일반적인 기술 발전도 그렇지만 특히 타임박싱과 관련된 기술은 끊임없이 발전을 이루고 있다. 지난 몇 년만 해도 여러 스타트업 기업들이 일정표, 할 일 목록, 타임박싱을 지원하는 많은 새로운 앱을 만들어냈다. 이와 동시에 세계 최대의 기술 기업들이 같은 목적으로 여러 기능을 선보였다. 하지만 나는 대개의 사람들은 그리 많은 도구, 기술, 기능이 없어도 타임박싱의 실질적인 혜택을 누릴 수 있다고 주장한다. 나는 디지털 일정표와 메모를 위한 문서(할 일 목록으로도 사용할 수 있다)만을 사용한다.

사람은 모두 다르기 때문에 특정한 디지털, 물리적, 정신적 도구가 유용할 수도 있다. 따라서 그런 도구의 목적과 필요성에 대해 생각해보길 바란다. 시간을 측정하거나, 일정을 상기시키거나, 순서를 정하고, 공유하기 위한 도구인가? 기초적인 도구로도 할 수 있는 일은 아닌가?

디지털 기술

시계

물론 시간을 지켜야 한다. 대부분의 사람들이 일과 시간 대부분을, 컴퓨터로 작업하는 경우라면 언제나 시간을 확인할 수 있다(보통 화면의 오른쪽 하단이나 상단에서). 이는 방해 요소가 많은 스마트폰보다 훨씬 더 나은 시간 측정 방법이다. 손목시계와 같은 휴대용 시계도 이런 용도로 사용할 수 있는데, 이런 것에 대해서는 이미 잘 알고 있다. 필요치 않은 수십 개의 세계로 통하는 문도 되는 인터페이스interface(서로 다른 두 개의 시스템, 장치 사이에서 정보나 신호를 주고받는 접점이나 경계면. 사용자가 기기를 쉽게 동작하는 데 도움을 주는 시스템-옮긴이)에는 주의를 기울여야 한다.

앱

지난 몇 년 동안 생산성, 시간 관리, 특히 타임박싱 앱에 많은 투자가 있었다. 온라인에서 '타임박싱 앱'을 검색하면 수많은 결과가 나타난다. 이는 이 책에서 주장한 것처럼 삶에서 더 큰 통제력과 의도성을 원하는 사람이 많다는 점을 보여준다. 그러나 앱이 이런 목적을 달성하는 효과적인 방법일까? 디지털 일정표를 직접 관리하는 것보다 앱을 사용할 때 누릴 수 있는 가장 큰 이점은 일정이 변경될 경우 앱이 자동으로 일정표를 재편성한다는 점이다. 물론 일정은 변하기 마련이다. 하지만 타임박싱을 10여 년 동안 내 일과를 직접 재편성하는 것이 내 자신이나 다른 사람에게 문제가 된 적은 없었다. 오히려 어떤 변화에 맞추어 약속을 어디에 배치하면 좋을지 직접 주의를 기울이고 결정해야 한다는 사실이 내 삶의 맥락에 도움을 줬다. 이런 권한을 AI로 가동되는 자동화에 넘기면 내 인식, 주체성, 성과는 약화될 수 있다. 여러 가지 중복되는 기능을 가진 새로운 할 일 앱과 일정표 앱들 역시 그런 약점을 갖고 있다. 그럼에도 불구하고 나는 이들 중 몇 가지를 사용해볼 것을 추천한다. 좋지 않다면 며칠 후 앱을 삭제하면 될 일이다. 잘된다면 타임박싱이 지속적인 현실이 되도록 하는 도구를 얻게 되는 것이다. 이런 최고의 시나리오와 최악의 시나리오 사이에서 당신(혹은 나)이 미처 생각하지 못했던 타임박싱의 비결을 발견하게 될 수도 있다.

디지털 일정표의 기능들

작업 관리 앱인 마이크로소프트 투 두Microsoft To Do는 타임박싱 기능의 대부분을 갖추고 있다. 최근에는 이메일을 일정표 아이콘으로 끌어다 놓는 것만으로 그 이메일의 내용이 들어간 타임박스가 만들어졌다. 구글의 포커스 타임Focus Time은 사용자들이 주의를 빼앗기지 않게 돕는다. 지난해 구글은 사용자가 시간을 어떻게 보내는지에 대한 분석을 제공하는 타임 인사이트도 내놓았다. 11장에서 언급했듯이 나는 타임 인사이트를 생활의 여러 영역에서 시간을 어떻게 보내는지 모니터링하고 관리하는 데에만 사용한다. 이들을 비롯한 여러 기능들을 조사해보라. 어쨌든 대부분의 사람들은 디지털 일정표를 사용하고 있으니 프로그램에 내장된 새로운 기능을 사용하는 데 그리 귀찮거나 비용이 많이 들지 않을 것이다.

대형 언어 모델LLM

챗GPTChatGPT는 이 글을 쓰고 있는 현재 다른 어떤 것보다 빠른 성장을 보여주고 있는 상업용 앱이다. 챗GPT를 비롯한 LLM들은 타임박싱을 위해 설계된 것이 아니지만 타임박싱에 이용할 수 있다. 이 책의 주제 중 하나는 어떤 작업에 대해 준비할 시간을 가졌을 때(우리의 두뇌가 그 작업에 대한 준비를 갖추었을 때) 작업의 성과가 크게 향상된다는 것이다. 나는 특히 회의 준비를 위한 타임박스를 만드는 일을 권한다. 이는 인지 작용을 활성화해 작업을 완수하는 데 도움을 준다. 대부분의 작업은 LLM이 아이디어를 내고, 관련 글을 요약하고, 참고 자료를 찾고, 개념을 결합함으로써 인지 작용의 속도를 높일 수 있다. 이런 도구들은 준비용 타임박스에서 사용하거나 타임박스 내에서 주제에 대한 생각의 시동을 거는 데 사용할 수 있다. 이런 맥락과 이런 목적에서라면 그들이 인류에게 도움이 된다는 것은 명확하며 그런 도움은 순수하고 안전하다. 그 밖의 실존적 위협과 다른 끔찍한 가능성에 대한 논쟁은 다른 사람들에게 맡겨두기로 한다.

물리적 도구

물리적 도구, 즉 만질 수 있는 실제 도구는 꼭 필요한 것은 아니지만 각자의 취향에 따라 그런 도구를 사용할 수도 있다.

일정표, 공책, 할 일 목록은 디지털 형식만이 아닌 종이 형태로도 나온다. 많은 사람들이 현실 세계에서 물건을 보고, 만지고, 느끼고, 심지어는 냄새를 맡는 것에서 만족감을 느낀다. 반면 클라우드에 백업하고, 장치들을 동기화하고, 다른 사람들과 공유하는 데에서 얻는 이점이 과거의 아날로그 방식의 이점보다 크다고 생각하는 사람들도 있다. 나는 타임박싱에 필요한 것들에 관해서 만큼은 대체로 후자에 속한다.

하지만 극단의 디지털 애호가라도 물리적인 세계가 타임박싱 루틴을 방해하지 않고 도울 수 있는 방법을 생각해봐야 한다. 현재의 타임박스에 집중할 수 있도록 돕는 물건을 주위에 둘 필요가 있다. 저차원적인 기술이지만 그들 역시 기술이다.[78] 예를 들어, 모래시계는 작업을 처리할 시간이 얼마나 남았는지 추적하는 동시에 타임박싱을 하고 있다는 사실을 상기시켜주고 다른 길로 빠졌을 때 다시 타임박스로 돌아갈 수 있도록 도와주는 효과적인 수단이 된다. 내게는 아끼는 모래시계가 있다. 서른 살 때부터 사용해 왔다. '일정표로 돌아가기'와 같은 문구가 적힌 포스트잇도 후자의 용도로 사용할 수 있다. 15분, 20분, 30분, 60분 단위(내가 12장에서 제안한 표준 타임박스의 크기와 거의 일치한다)의 큐브 타이머(실제로는 디지털 타이머와 실물 타이머가 있다)를 선호하는 사람도 있다.

정신적 기술

메타인지 기술은 타임박싱을 위한 필수 도구다. 산만함을 줄이고 집중력을 유지하며 토끼굴에서 빠져나오는 데 사용할 수 있는 다양한 디지털 기술과 물리적 도구들이 있지만, 어떤 도구로도 자신의 정신에서 벗어날 수는 없다. 우리가 아무리 많은 디지털 장벽과 물리적 장벽을 세워도 생각은 침입한다. 의지할 수 있는 유일한 방법은 18장에서 강조했듯이 이런 일이 일어났을 때 알아차리고 일정표, 특히 현재의 타임박스로 돌아오는 것뿐이다.

시간 감각이 개발할 수 있는 대상이라는 것을 기억하라. 누구에게나 일주기성 리듬과 내부 시계가 있다. 타임박싱 작업에 할애한 시간이 얼마나 되는지에 대한 감각을 키울 수 있다. 연습을 통해 시계를 볼 필요(그 자체가 방해 요소)를 줄일 수 있다. 타임박싱은 시간을 지키는 능력을 향상시키며, 그 반대도 마찬가지다.

□ □ □ ■

이 책의 다른 장에서 설명한 필수 사항만으로도 타임박싱의 혜택들 대부분을 얻을 수 있다. 하지만 몇 가지 선택적 추가 사항은 타임박싱을 즐기는 데 긍정적인 영향을 줄 수 있다. 따라서 그들이 디지털, 신체적 또는 정신적 영역에서 비롯될 수 있다는 점에 주목하면서 그들이 어떤 목적에 적합한지 명확하게 생각해보라. 결국, 우리가 원하는 것은 타임박싱에서 효과를 얻는 것이다.

지상에서 시간을 보내는 방법(우리가 믿을 수 있는 유일한 의식적 경험)을 선택하는 것은 우리 모두에게 본질적인 일이다. 나는 타임박싱이 이를 달성할 수 있는 가장 좋은 방법이라고 생각한다. 그러니 타임박싱을 매일, 나름의 효과적인 방식으로 실천하도록 하라.

☑ 정리하기

- □ 타임박스에는 사용할 수 있는 많은 도구와 기능이 있다.
- □ 아무런 기술 없이도 타임박싱을 성공적으로 실행할 수 있다.
- □ 하지만 몇 가지 도구가 타임박싱 경험을 강화할 수 있다.
- □ 어떤 도구가 도움이 될지, 어떤 목적으로 사용할지 생각해보자.

⏱ 생각하기

- □ 당신의 개인 생산성 시스템은 어떤 도구와 기술에 의존하고 있는가? 그것들을 나열하고 검토해보라. 어떻게 하면 그 시스템을 개선할 수 있을까?
- □ 지금 타임박싱 앱을 다운로드해 일주일 동안 사용해보라.
- □ 나는 타임박싱을 사고방식과 방법 두 가지 요소로 설명했다. 당신이라면 타임박싱의 사고방식 요소를 어떻게 설명하겠는가? 그 방법은 무엇인가?

24:00

효과를
보는 중

핵심어: 행동 변화

혜택

이의

채택

적응

깊이 간직하다

자기 것으로 만들다

맞춤형

글자 수: 5,896

독서 시간: 10분

이제 내 작업은 순조롭게 끝났다. 나는 날 수도 뜰 수도 있다.

— 존 밀턴John Milton(《실낙원》의 저자, 그의 시 '유쾌한 사람 L'Allegro'의 일부-옮긴이)

문제는 타임박스가 효과적이냐 아니냐(2장 참조)가 아니라 당신이 효과를 보고 있느냐다. 실천을 통해 배우면서 지금까지의 여정을 거쳐 왔다면 효과를 보고 있을 것이다. 하지만 좀 더 확실히 해보자. 타임박싱에서 효과를 본다는 것은 어떤 의미일까? 그것은 당신이 다음과 같은 상태라는 의미다.

□ 습관적으로 타임박싱을 한다.
□ 해야 할 일에 대해 명확하게 생각한다.
□ 하겠다고 한 일은 마친다.
□ 타임박싱의 여러 혜택을 깨닫고 있다.
□ 사고방식과 방법을 나만의 것으로 만들고 있다.

이런 모든 일이 일어난다면 당신은 분명 이 방법에 대해 좋게 생각하고 계속하고 싶은 것이다. 하지만 한 가지라도 해당되지 않는다면 놓치고 있는 부분이 있는지도 모른다. 이번 장에서 내가 하는 몇 가지 질문은 당신이 갖고 있는 문제를 정확히 찾아내고 해결하는 데 도움이 될 것이다. 하지만 먼저 기대치를 조정해보자.

타임박싱에 대한 예외

나는 모든 시간에 타임박스를 적용하지는 않는다. 타임박싱이 실용적이지 못하고 심지어 골칫거리가 되는 상황도 많다. 이런 상황과 때를 감지하는 능력을 키우면 타임박싱이 가능하다고 예상해선 안 되는 때를 알게 되고 따라서 불필요하고 불가피한 실패를 막을 수 있다.

직장 생활과 가정생활에는 본질적으로 예측할 수 없는 시간이 있다. 예를 들어, 우연의 가능성이 가득한 행사(축제, 파티, 콘퍼런스, 바비큐)에 참여하게 된 경우, 많은 일이 일어나지만 언제 어디에서 누구와 어떤 일이 일어날지는 예측도 통제도 할 수 없다. 또는 지칠 줄 모르는 에너지와 열정을 가진 아이들을 상대해야 할 수도 있다. 리모델링 공사를 하느라 하루 종일 공급업체와 인부들의 질문을 받고 배달되는 물건을 처리해야 할 수도 있다. 이런 종류의 상황에서 하루를 세세하게 구분해서 계획하는 타임박싱은 비생산적일 가능성이 높다.

예측 가능성이 크고 구조화된 일 역시 타임박싱에 적합하지 않을 수 있다. 공장 근로자, 계산원, 요식업계 종사자, 경비원 등 많은 직종은 근무 시간 중에 우선순위를 정할 수 있는 기회가 제한적이다. 따라서 이런 직종에 종사하는 사람들은 근무 시간 동안은 타임박싱의 효용이 제한적이다. 하지만 일 이외의 부분(삶의 3분의 2를 차지하는 여가와 수면)에서는 여전히 타임박싱의 혜택이 크다.

삶이 더 자유롭고 즉흥적이길 원하는가? 타임박싱은 이 방향으로 가는 확실한 방법처럼 보이지 않는다. 무질서에도 다양성, 놀라움, 도전, 창의성, 문제 해결 등 그 나름의 혜택이 있다(아무것도 하지 않기,[78] 닥치는 대로 하기, 즉흥성이 돋보이는 장소-바, 미술관, 댄스홀-에 있기, 즉흥성이 돋보이는 활동-즉흥 연극/연주 수업, 통근길에 낯선 사람과의 대화, 창의적 글쓰기 수업-참여 등 2차적 즉흥성의 여지를 주는 타임박싱 활동도 가능하다).

마지막 조언이 있다. 타임박싱이 파티를 망치지 않도록 하라. 명확히 정해진 끝은 놀라움을 억누르고 재미를 줄일 수 있다. 저녁이 시작될 때부터 정확히 자정에 무도회를 떠나야 한다는 것을 알고 있다면 그 시간을 온전히 즐길 수 없다.

실천하는 중? 효과를 보는 중?

이 두 가지 질문을 구분하는 것이 중요하다. 실천=행동, 효과=혜택. 실천을 하되 효과를 보지 못하는 것, 즉 노력은 하고 있지만 혜택을 보지 못하는 것이 최악의 결과라는 것을 기억하라. 이제 당신의 진행 상황을 확인해보자. 아래 질문에 최대한 정확하게 답해야 한다.

당신은 실천하는 중인가?

질문	답(하나를 선택한다)		
보통 미리(아침이나 전날 저녁) 하루의 대부분 시간에 대한 타임박싱을 하는가?	그렇다		아니다
방해 요소가 없고 일에 도움이 되는 환경을 준비하는가?	그렇다	때때로 그렇다	아니다
할 일 목록을 체계적으로 관리하는가?	그렇다	때때로 그렇다	아니다
할 일 목록이 일상적으로 타임박스로 옮겨지는가?	그렇다	때때로 그렇다	아니다
이메일에 답할 시간을 선택하는가?	그렇다	때때로 그렇다	아니다
정해진 시간의 해당 타임박스가 타당한가?	그렇다	때때로 그렇다	아니다

보통 타임박스 내에 작업을 마치는가?	그렇다	때때로 그렇다	아니다
일을 마치거나 전달하거나 공유하는 것을 목표로 하는가?	그렇다	때때로 그렇다	아니다
공상이나 토끼굴에서 바로 일정표로 돌아오는가?	그렇다	때때로 그렇다	아니다
타임박스의 크기를 잘 예측하는가?	그렇다	때때로 그렇다	아니다
언제 어떻게 휴식을 취할지 적극적으로 생각하는가?	그렇다	때때로 그렇다	아니다
수면 루틴을 지키는가?	그렇다	때때로 그렇다	아니다

당신은 효과를 보는 중인가?

질문	답(하나를 선택한다)		
타임박싱이 삶에 눈에 띄는 혜택을 준다고 생각하는가?	그렇다		아니다
과거의 타임박스 기록을 갖고 있는 것이 유용하다고 느낀 적이 있는가?	그렇다		아니다
한 번에 한 가지에만 집중하는 타임박싱의 결과로 스트레스가 줄었다고 느끼는가?	그렇다	때때로 그렇다	아니다
더 명확하고, 깊게 사고할 수 있는가?	그렇다	때때로 그렇다	아니다

	그렇다	때때로 그렇다	아니다
당신의 일정을 파악할 수 있기 때문에 동료들이 보는 혜택이 있는가?	그렇다	때때로 그렇다	아니다
동료들의 일정을 파악할 수 있기 때문에 당신이 보는 혜택이 있는가?	그렇다	때때로 그렇다	아니다
더 많은 일을 마치게 되었나?	그렇다	때때로 그렇다	아니다
잠을 더 잘 자는가?	그렇다	때때로 그렇다	아니다
이 실행을 당신 삶의 방향을 조정하는 데 적용한 적이 있는가?	그렇다		아니다
삶에서 더 중요한 부분을 파악했는가?	그렇다		아니다
이제 각각의 부분에 얼마나 많은 시간을 사용하고 있는지 파악하고 있는가?	그렇다	다소 그렇다	아니다
정해진 타임박스를 따르지 않는 경우가 얼마나 되는가?	거의 없다	가끔 있다	자주 있다
타임박싱이 효과가 있다고 생각하는가?	그렇다	약간 그렇다	아니다

두 표의 질문 중 12개 정도의 답이 '그렇다'에 해당한다면 당신은 잘하고 있는 것이다.

효과가 있는지 알 수 있는 지름길이 있다. 이미 타임박싱을 사용해 정량화할 수 없는 특별한 일을 한 사람이 있을 것이다. 오랫동안 보지 못한 친구를 다시 만나거나, 기술을 개발하거나, 아이와 놀이에 몰입하거나, 정기적으로 배우자에게만 집중하는 시간을 다시 마련하는 식으로 말이다. 이미 이런 일을 했다면, 굳이 퀴즈를 풀지 않아도 효과가 있다는 것을 알고 있을 것이다. 이미 그런 경험이 있다면 타임박싱의 진정한 힘을 알고 있을 것이다.

타임박싱에 대한 함정

곧(아마도 10분 이내에) 이 책을 다 읽게 된다. 다시 바쁜 삶이 시작된다. 시도하는 모든 사람이 이 방법을 유지하는 것은 아니다.

그러니 헤어지기 전에 가장 흔한 함정을 예상해보기로 하자. 다음의 사항은 내 경험은 물론 다른 타임박싱 지지자와 반대자들과의 토론, 온라인 포럼에서 얻은 정보를 바탕으로 한 것이다.

급한 일이 생겨서 타임박스가 엉망진창이 된다

어쩔 수 없이 계속 우연한 사건에 휘둘리게 되는 직업이 있다. 응급실의 간호사나 의사라면, 미리 만든 계획을 제쳐두어야 하기 때문에 타임박싱의 효과를 볼 수 없다. 비상시에 대비하는 일을 하는 사람들에게는 타임박싱을 권하기 힘들다(적어도 근무 중에는). 대부분의 사람들은 그런 극단적이고 예측할 수 없는 환경에서 일하지 않지만, 중요한 고객의 전화가 오거나, 언론에 보도될 기회가 생기거나, 상사가 예상치 못했던 요구를 하는 등 때때로 긴박한 상황이 닥칠 때가 많다. 하지만 그런 만일의 사태는 타임박싱을 무용지물로 만들거나 그 효과를 약화시키지 않는다. 첫째, 이런 불확실한 시기는 대부분 규칙이 아닌 예외다. 둘째, 긴급한 요청이 있을 가능성이 있다면, 메시지를 전혀 확인하지 않기보다는 좀 더 자주(예를 들어, 2시간에 한 번) 확인해서 처리하도록 타임박스를 만드는 식으로 대응해야 한다. 셋째, 우선순위는 바뀌기 마련이다. 타임박스는 절대 불변의 것이 아니며 수시로 조정할 수 있고, 조정해야 한다(13장 박스 배열 참조).

계획에 부담을 느끼고 시간을 허비하고 당장의 할 일을 하지 못하는 것 같은 느낌이 든다

조금만 연습하면 15분 안에 충분히 종일의 작업을 타임박싱할 수 있다. 15분으로 다음 15시간을 효율적으로 쓸 수 있다면 거저나 마찬가지 아닌가?(9장 참조)

끝까지 해내지 못한다. 타임박스를 마련하고 일정표에 배치했지만 마치지 못한다

현재 당신의 정신적, 정서적 상태에 맞는 적합한 종류의 작업을 선택했는지 확인하라. 자신에게 요청하는 단 하나의 일이라는 점을 알아야 한다. 적합한 방향으로 나아갈 수 있도록 아주 작은 조치부터 시작하라. 그리고 18장과 19장을 참조하라.

시간 내에 끝내지 못한다

우선 과학적 증거를 비롯한 여러 증거들이 타임박싱의 효과를 뒷받침하고 있으니 마음을 놓도록 하라(2장 참조). 작업에 걸리는 시간을 현실적으로 예측하고 있는가?(12장 참조) 타임박스를 통해 속도를 내고 경쟁을 벌이는가?(16장 참조) 충분히 좋다는 것에 대한 실행 가능하고 강력한 개념을 갖고 있는가?(17장 참조) 경험을 바탕으로 인내심을 가지고 이 모든 것을 미세하게 조정해 생산적인 조화를 이루게 하면 지속적으로 시간 내에 작업을 마치게 된다.

타임박싱의 더 큰 목적

타임박싱의 보다 큰 목적, 당신이 진심으로, 본능적으로 믿는 목적을 찾으면 그 방법과 사고방식을 유지할 가능성이 훨씬 높아진다. 이미 그런 개념을 정하고 소중히 간직하고 있는가? 혹 그렇지 않다면 다음을 고려해보라.

□ 주체성. 타임박싱의 핵심은 우리가 통제할 수 없는 수많은 것들 중에서 영향을 미치고자 하는 몇 안 되는 것들을 결정하고 그것에만 영향을 미치는 것이다. 우리는 결과를 통제할 수 없다. 다만 무엇을 할지, 언제 할지만을 결정할 수 있을 뿐

이다. 이런 인식은 겸손한 마음을 갖게 함과 동시에 힘을 부여한다.

□ **더 큰 힘.** 종교가 있든 아니든, 많은 사람들은 불안감을 없애주는 더 큰 힘에 바로 접근하고픈 감정을 느끼곤 한다. 타임박싱은 그런 힘을 제공한다. 더 높은 힘은 이전의 더 바람직한 순간 속의 우리 자신이다.

□ **메타 습관**meta-habit. 타임박싱은 모든 습관을 좌우하는 상위의 습관이다. 일정표에 넣을 수 있는 다른 소중한 습관을 불러올 수 있는 소중한 메타 습관인 것이다.

□ **생산성 100퍼센트 향상.** 7장에서 보았듯이, 이 방법이 생산성을 두 배로 높여준다는 많은 증거들이 있다.

□ □ □ ■

새로운 행동을 받아들이고 조정하는 것은 하루아침에 가능한 일이 아니다. 나는 20년째 타임박싱을 계속하면서 그 기술을 연마하고 있다. 지금은 처음보다 훨씬 더 많이 타임박싱을 한다. 타임박싱의 큰 효과를 보고 있기 때문이다(앞의 표에서 답이 '그렇다'인 항목이 21개였다).

이것은 책이다. 이 책에는 타임박싱에 관한 출판 당시의 최첨단 연구와 실행이 담겨 있다. 그러나 다른 분야와 마찬가지로 시간이

지남에 따라 더 많은 아이디어, 전술 및 도구가 발생하거나 등장할 것이다. www.marczaosanders.com/newsletter에서 뉴스레터 ("한 번에 하나씩 One Thing at a Time"이라고 불린다)를 신청하면 매주 받은 편지함으로 이런 소식을 받아볼 수 있다. 뉴스레터는 이 책의 핵심이 되는 내용을 떠올리게 하고 필요할 경우 방향을 수정하는 데 도움을 줄 것이다. 또한 나나 타임박싱을 하는 다른 사람들과 접촉할 수 있는 수단이기도 하다.

나는 자신이 갖고 있는 시간 동안 무엇을 할지 선택하는 것이 우리 존재의 핵심이라고 생각한다. 타임박싱은 소중히 여길 만한 삶을 선택할 수 있는 이 특권을 가장 잘 활용하게 해주는, 내가 만나봤던 어떤 방법보다 내가 생각할 수 있는 어떤 방법보다 좋은 방법이다.

☑️ 정리하기

□ 타임박싱이 효과를 발휘하지 못하는 상황이 있다. 따라서 어떤 상황이 거기에 해당하는지 알아두는 것이 좋다.

□ 타임박싱을 얼마나 실천하고 있는지, 거기에서 얻고 있는 혜택이 무엇인지에 대한 감각을 개발하라.

□ 이 새로운 행동을 채택하는 동안 마주할 장애물에 대비하라.

□ 타임박싱 실행에 관련된 몇 가지 큰 목적이 있다. 나는 여기에 네 가지를 제시했지만 당신도 자신만의 생각이 있을 수 있다.

⏱️ 생각하기

□ 이번 장의 2개 표에 있는 모든 질문에 답을 하라.

□ 3개월 후 미래의 자신에게 예약 이메일을 보내 같은 질문에 답하도록 한다. 지금 이 질문에 어떻게 답했는지를 기록으로 남기면(보내는 이메일에 '그렇다'라는 답의 항목 'X개'라고 적는다) 비교를 통해 진행 상황을 가늠할 수 있다.

□ 이번 장에 소개된 타임박스 아이디어 중 당신이 가장 중요하다고 느끼는 것은 무엇인가? 아니면 그보다 더 의미가 있는 다른 아이디어가 있는가?

내가 느낀 타임박싱의 가장 큰 장점은 현실적인 우선순위를 정하고 이를 고수하는 데 유용하다는 점이다. 단순한 할 일 목록에는 모든 일에 얼마나 시간이 걸리는지 나타나지 않기 때문에 능력 이상의 일을 하려다 후회하게 되곤 한다. 타임박싱을 통해서라면 하루에 시간이 얼마나 있는지 정확히 파악하고 필요에 따라 배분할 수 있다. 일이 하루에 처리하기에 너무 많다면 우선순위를 재평가해야 할 때라는 것을 알 수 있다.

— 파테메 파크라이에Fatemeh Fakhraie, 노스웨스트 커뮤니티 신용 조합Northwest Community Credit Union 마케팅 매니저, 미국 오리건주 유진

여러 클라이언트와 프로젝트를 관리하느라 항상 바쁜 프리랜서인 나는 타임박싱 없이는 사업을 효율적으로 운영하는 것이 매우 어렵다는 것을 알게 되었다. 6년 전 마지막 직장을 그만둔 지 오래지 않아 해야 할 일 목록의 항목을 전혀 실천하지 못하고 있음을 깨달았다. 시간을 관리하는

더 나은 방법을 찾아야 했다. 때문에 나는 구체적인 작업에 구체적인 시간대에 할당하기 시작했다. 아주 최근까지도 내가 하고 있는 일에 이름이 있다는 것을 알지 못했다! 나는 '방해 요소가 없는 작업'을 열렬히 옹호한다. 업무 모드에 있을 때면 나는 휴대폰을 꺼두곤 한다. 그런 방식과 타임박싱의 조합은 값을 매길 수 없이 귀중하다.

— 탬신 아이작스Tamsin Isaacs, 노 굿 소셜Know Good Social 창립자, 스페인 바르셀로나

나는 대형 소프트웨어 기업에서 여러 부서의 책임자로 일했다. 위기나 사건이 발생했을 때 어떤 일이 있었는지 기록하는 것은 질문을 받거나 내가 내린 결정을 정당화해야 할 때 기억을 되살리는 데 큰 도움이 되었다. 맡고 있는 일이 너무 많아서 모든 것을 기억하기란 불가능하기 때문에 나는 이런 목적으로 타임박싱을 사용했다.

— 나디아 기쿠-라이언Nadia Gicqueau-Ryan, MBA, 비즈니스 변화·유연성·혁신 리더, 프랑스 파리

타임박싱은 포괄적인 마음 상태state of mind, SoM를 해당 활동과 일치시킴으로써 인지적 성과를 최적화하는 데 사용할 수 있는 간단하고 효과적인 방법이다. 구체적인 작업에 고정된 시간(박스)을 할당함으로써 의도적으로 그 작업을 적절한 SoM과 일치시키는 조치를 취해 마찰을 줄이고 작업을 더 쉽게 처리하고 생산성을 높일 수 있다. 일례로 영업 프레젠테이션을 위한 아이디어를 브레인스토밍해야 한다고 가정해보자. 이 작업에서 창의성, 깊은 사고, 열린 마음, 협력이 중요하다는 것을 인식한다면 관련 정보를 수집하고, 방해 요소를 제거하고, 열린 마음으로 적극적으로

경청해야 할 필요성을 상기하고, 비판적 사고를 배제하고, 긍정적인 분위기를 조성하는 등 다양한 방식의 신중한 준비를 할 수 있다(기분과 창의성 사이의 연관성에 이의가 있기는 했지만, 이제는 잘 정립되어 있다).

활동과 SoM을 적절하게 맞추어 조정한다면 개인은 인지적 잠재력을 최대한 발휘하고 충족감을 느끼면서 작업을 훨씬 더 정확하고 효과적으로 해낼 수 있다.

— 모셰 바르Moshe Bar 교수, 세계적인 명성을 지닌 인지 신경학자이자《잠생각 Mindwandering: How Your Constant Mental Drift Can Improve Your Mood and Boost Your Creativity》의 저자, 이스라엘 텔아비브

현재 내 커리어에도 도움을 주고 있는 타임박싱 사용의 주요한 혜택은 계속 늘어만 가는 내 할 일 목록의 모든 행동을 나만의 우선순위 파일 캐비닛, 즉 나의 일정표에 넣을 수 있다는 것이다. 이렇게 하면 그 일이 내 주의를 필요로 할 때까지 나를 기다려준다는 것을 알기 때문에 긴장을 풀 수 있다. 예를 들어, 긴급한 혹은 긴급하지는 않지만 언젠가는 처리해야 할 어떤 일이 있다는 것을 알 경우 일정표에 배치해두면 시간이 되었을 때 그 주제/작업을 처리할 것이란 확신이 있기에 안심할 수 있다. 해야 할 일이 너무나 많은 지금의 시대에는 타임박싱이 긴장을 푸는 데 도움을 준다. 혜택은 업무에만 그치는 것이 아니다. 나와 내 팀원들은 타임박스에 자율적 학습, 사색, 자녀나 가족과의 시간, 점심 식사, 집안일(즐거운 일!), 심지어 개 산책과 같이 개인 생활에서 일어나는 다른 중요한 일도 추가한다!

— 리 워드만Lee Wardman, 호라이즌즈Horizons 유럽·중동·아프리카 영업 개발 매니저, 영국 더럼

타임박싱의 핵심은 실천의 행위다. 타임박싱이 얼마나 오래 걸릴지 겁이 나서 시도하지 못하는 사람들에게 내가 일단 시작하라고 조언하는 이유가 여기에 있다. 자신의 기준선을 테스트해본다는 생각으로 위험도가 낮은 것을 분류하는 작업부터 시작하라. 이후 잠시 시간을 내어 그 경험을 숙고해보고 그 경험에서 교훈을 얻고, 그런 교훈을 다음번 타임박싱에 정보로 삼아라. 이런 연습에서 중요한 것은 균형을 찾는 데 전념하는 것이다. 완벽주의에 대한 두려움 때문에 자신의 발전을 막지 마라.

— 제나 드랩킨Jenna Drapkin, 디그리드Degreed, 글로벌 고객 성공 부문 부사장, 미국 뉴욕

나는 대도시에서 요가/피트니스 비즈니스를 운영하고 있는데, 타임박싱은 여러 연습실에서 수업을 관리하는 데 중요한 도구가 되었다. 이 접근 방식은 수업을 조정하고 강사의 일관된 코칭을 보장하는 데 도움이 되었으며, 요가 고객들까지 타임박싱을 도입하는 데 동의했다. 많은 요가 고객들이 타임박싱을 도입하고, 특히 이른 아침 요가 세션을 예약함으로써 집과 직장에서 하루 종일 에너지 수준과 집중력이 높아졌다고 말했다. 내가 직장 생활과 개인 생활 모두에서 누리는 조화와 성공은 타임박싱의 장점과 깊은 관련이 있다.

— 바다 딩Beda Ding, 丁蔚雯, 소프트 요가 스튜디오Soft Yoga Studios 소유주, 중국 청두시 진장

중요한 일은 마감일을 정한다. 사업 개발과 관련된 프로젝트는 중요하지만, 긴급하지 않기 때문에, 몇 주 혹은 몇 달간 미뤄지는 경우가 많다. 프로젝트가 계속 미뤄지지 않고 우선순위에 오르도록 마감 기한을 정한다.

프로젝트를 세분한다. 긴 시간 여러 단계를 거쳐야 하는 큰 규모의 일이라면 최종 마감일뿐만 아니라 중간 마감일도 있어야 한다. 이로써 미루기를 막고 특정 요소가 예상보다 오래 걸리는 경우 모두가 기대치를 조정할 수 있다.

— 엘리자베스 그레이스 손더스Elizabeth Grace Saunders, 시간 관리 코치이자 작가, 미국 미시간주 앤아버

타임박싱은 공동 설립한 회사가 성장기에 있고 가정에서는 첫 아이를 맞이한 초보 아빠인 나의 삶에서 대단히 중요한 측면이 되었다. 아기를 돌보는 일과 가족과의 시간/식사를 우선하기 위해서는 업무/창의력/컴퓨터 활동을 일정표에 타임박스로 고정해야 한다.
이렇게 시간을 정해두면 그 시간 안에 일을 끝낼 수 있다는 것을 알기 때문에 오히려 도움이 된다. 제시간에 일을 마치지 못하면 다음 항목에 영향이 간다는 사실을 알기 때문에 동기 부여가 되는 면도 있다.

— 아담 피시먼Adam Fishman, 오노라Onora 공동 창립자, 미국 보스턴

디자이너는 포착하기 어려운 개념적 완벽함을 추구하느라 끝없는 수정의 순환에 갇히는 상황을 종종 맞이한다. 하지만 나는 10년 가까이 고급 패션업계에서 럭셔리 테크 제품을 만드는 일을 한 끝에 역동적인 타임박싱이 빠르고 효율적인 작업의 열쇠라는 것을 알게 되었다. 이렇게 변동성이 큰 업계에서는 생산 주기가 길어서는 안 되며, 반응성이 사전 대응력만큼이나 중요하다. 나는 정적인 시간 제한이 있는 타임박스 대신 프로젝트의 제약과 변화하는 니즈를 기반으로 변화를 줄 수 있는 타임박스를 사용한다. 이런 유연한 접근법을 통해 적절한 때에 적절한 일을 우선

하고 거기에 집중할 수 있다.

우리 스튜디오는 신속하게 일을 진행한다. 디자인 초안에 대한 지속적인 협업 프로세스를 채택해 내부적으로 팀을 조율함으로써 우리 비전의 본질을 온전히 담은 제품을 빠르게 선보일 수 있게 한다. 이후의 단계에서 고객의 피드백에서 구동된 신속한 반복 작업으로 세부 사항을 개선한다. 명품이 완벽함을 요구하는 것은 맞다. 하지만 속도와 참신성에도 가치를 둔다. 우리는 역동적인 타임박스를 통해 이 두 가지를 모두 충족시키며 유행하는 트렌드를 포착하는 동시에 타협하지 않는 품질 기준을 유지한다. 나비처럼 날아올라 벌처럼 선보여라!

— 다니엘 라자리Daniel Lazzari, 브레산 디자인 스튜디오Bressan Design Studio 수석 아트 디렉터, 이탈리아 밀라노

바삐 움직이는 중국의 프로토타입 제품 디자인 영역에서는 명료한 정신을 유지하는 것이 쉽지 않다. 내 경험 속의 타임박싱은 효율성과 마음챙김 사이의 다리였다.

혁신을 추구하는 직장에서는 프로젝트와 마감이 정신없이 이어지며 부담감을 가중시킨다. 하지만 타임박싱은 작업을 세분해서 현재 순간에 집중할 수 있게 해준다. 이 접근 방식은 작업의 효율을 높이는 것 이상의 역할을 한다. 신경을 안정시키고 마음의 중심을 잡게 한다. 마음챙김이 우리에게 현재에 집중하라고 가르치는 것처럼, 타임박싱은 우리의 에너지를 당장의 작업에 집중시키게 함으로써 산만한 생각과 그것들이 불러오는 불안을 줄인다.

— 창 카이-양 Zhang Chi-Yang, 张驰洋, AA 북스토어AA Bookstore 소유주, 중국 청두

나는 집중력과 생산성을 유지하기 위해 타임박싱을 사용한다. 이메일 작업을 위한 60분짜리 타임박스 두 개를 배치하면 회의 중에 방해를 피할 수 있다. 또한 기상 직후 30분간 근력 운동과 업무 시작 전의 달리기 등 건강에 중요한 활동도 타임박스로 만든다. 이렇게 하면 충분한 휴식을 취하고 건강하고 활력 있는 상태를 유지할 수 있고 이로써 일의 효율도 높일 수 있다.

— 라포 모리Lapo Mori, 맥킨지앤드컴퍼니McKinsey & Company 파트너, 미국 콜로라도주 덴버

나는 공유 일정표를 사용하며, 업무와 개인 일정표를 아내와 동기화시킨다. 반복되는 활동을 위해 주중에는 고정 블록을 만들어놓았다. 매일: 15분 아침 요가+30분 운동, 뉴스와 소셜 미디어 확인, 아이들과의 시간. 매주: 요약과 뉴스레터 작성, 일러스트레이션 작업, 아내와의 점심 식사, 아이들과의 한 가지 활동
예상치 못한 상황이 벌어지면 타임박스를 옮긴다. 예를 들어, 아침 일찍 내 글을 확인할 수 없는 날이면, 이 일에 30분이 필요하다는 것을 알기 때문에 가능한 시간을 선택한다.
또한 주중에 하고 싶지만 구체적인 계획이 없는 다른 일들을 적어 둔 투두이스트Todoist(애플의 일정 관리 앱-옮긴이)도 갖고 있다. 시간이 나면 이 중 하나를 골라 30~60분 동안 작업을 한다. 작업에 따라 30~60분이 지나면 작업에 따라 5~10분 정도 휴식을 취하며, 휴식 시간에는 부엌이나 바깥으로 나가는 것이 보통이다.
집중이 필요한 일을 할 때는 휴대폰을 보고 싶을 때 마찰을 늘리기 위해 휴대폰을 다른 방에 둔다. 그리고 19시부터는 아이들에게만 집중하기 위

해 휴대폰을 수면 모드로 바꿔 옷장에 넣어둔다. 다음 날 오전 5시까지는 휴대폰을 꺼내지 않는다.

이렇게 하더라도 아이들과 일, 특히 자신이 만드는 방해 요소들이 생겨 나기 때문에 여전히 '완벽하게 통제된' 삶이 될 수는 없다.

— 로베르토 페라로Roberto Ferraro, 카이샤은행CaixaBank 이사, 스페인 바르셀로나

타임박싱은 시간을 효과적으로 관리할 수 있는 체계적이고 일관된 틀을 제공하면서 내가 주중에 일에 접근하는 방식에 혁신을 가져왔다. 타임박싱을 실천한 후 나는 생산성이 크게 향상되었고, 부담감이 줄고, 부가가치를 창출하는 가장 중요한 작업에 더 집중할 수 있게 되는 경험을 했다.

타임박싱의 혜택은 나의 경험에만 머물지 않았다. 우리 팀 역시 이 접근법을 받아들여 전체적으로 효율의 눈에 띄는 향상을 경험했다.

우리는 캐나다, 세네갈, 가나, 르완다, 우간다, 케냐, 남아프리카공화국 등 전 세계에 흩어져 있는 인재 개발을 맡고 있는 팀으로, 때때로 많은 양의 채용 활동을 처리하기 위해 근무가 길어지는 문제에 직면한다. 모든 팀원이나 조직의 다른 동료들이 일정표를 항상 볼 수 있는 것은 아니기 때문에 회의가 중복되는 경우도 있다. 전통적인 할 일 목록은 이런 문제를 다루는 데에는 공백이 있다. 하지만 공유 아웃룩Outlook 일정표를 사용하는 디지털 타임박싱은 작업들의 우선순위를 정하고, 목표를 명확히 하며, 중요한 활동들을 완료하기 위한 구체적인 시간대를 정할 수 있는 유용한 해법인 것으로 드러났다.

— 캐롤 혼동가Carol Hondonga, 마스터카드 재단Mastercard Foundation 글로벌 인재
  담당 이사, 르완다 키갈리시

인공 지능과 글쓰기

이 책의 출판 계약(2023년 2월)을 하기 직전, 인공 지능이 대중의 호기심을 자극하며 관심을 모으고 있었다. 거대 언어 모델이라는 이 새로운 종류의 인공 지능은 글을 쓰고 생각을 하는 것처럼 보인다. 특히 챗GPT는 사용자가 1억 명에 이르면서 가장 빨리 성장한 상업용 앱이 되었다.[79] 갑자기 여러 가지 면에서 우리보다 똑똑한 새로운 지능이 등장했다. 지능에 기반을 둔 인류의 지구 지배가 위협을 받게 된 것이다. 상황은 어떻게 전개될까?

일부 전문가들은 LLM의 등장이 글쓰기와 출판의 종말을 부를 것이라고 예측한다. 이 새로운 기술은 분명 놀라운 일을 할 수 있는 능력을 갖고 있다. 이 기술은 눈 깜짝할 사이에 거의 모든 주제에 대한 논리적이고 적절하게 통합된 내용을 구성할 수 있다. 이는 가장 뛰어난 인간 작가조차 넘어서는 능력이다. 따라서 인공 지능이 이미 인간의 글쓰기 능력을 따라잡았거나 능가했거나, 지금은 아니더라도 곧 그렇게 될 것이라고 추론하기 쉽다.

하지만 나는 이런 추론은 자연스럽지만 잘못된 생각이라고 본다. 속도, 백과사전 수준의 지식, 다작할 수 있는 능력, 연중무휴의 유효성, 명료함(겉으로 보기에는)은 놀라운 장점들이다. 그러나 그것들은 아직 인간만이(가장 좋은 상태에서) 할 수 있는 깊은 사고, 다양한 맥락 내에서 정보를 통합하는 능력, 복잡한 정서적 이해, 고도의 창의력과 비범함을 대체할 수는 없다. 인공 지능이 순식간에 완벽한 문장과 단락을 만들어내는 것을 보면 입이 벌어진다. 하지만 몇 페이지에 걸쳐 글을 쓰는 것을 계속 지켜보면 벌린 입이 다물어지고 주의는 산만해지고 참았던 숨을 다시 내쉬게 된다.

적어도 내가 이 글을 쓰고 있는 2023년 가을/겨울 현재로서는 독창적이고 창의적인 사고와 글쓰기에 있어서 인간의 능력이 기계의 능력을 넘어선다.

글을 쓰기 위한 타임박싱

나는 이 책에 들인 모든 노력을 시간표에 기록해 두었다. 나는 디지털 일정표에 초기 프레젠테이션, 초안, 편집, 회의, 실제 이야기, 각 장 서두에 들어갈 구절, 주석, 일러스트레이션, 감사의 말, 끝맺는 말 등을 비롯한 많은 것들에 대한 타임박스를 만들고 기록했다.

좀 더 구체적으로 방법을 설명해보자. 나는 24주 동안 24개의 장을 써야 했다. 일주일에 대략 1,800단어로 이루어진 장 하나를 쓰는 것이다. 나는 각 장의 계획이 담긴 문서를 보관해두고, 아이디어가 나올 때마다 해당하는 부분에 아이디어를 추가했다. 월요일 저녁이면 일을 마친 후에 이렇게 보관하고 있던 계획과 메모를 살피고 정확히 60분 동안 새로운 각도, 참고 자료, 연구 방향에 대해 생각했다. 이후 잠재의식에 3일 밤의 수면을 선사하고 목요일 저녁에는 또 한 시간을 할애해 글머리 기호로 이루어진 체계적인 형태로 해당 장의 세부 계획을 준비했다. 야간 수면을 두 번 더 취하고 토요일 이른 아침이면 각 장의 3~4개 섹션을 15~30분 단위로 연속해서 작성할 준비를 갖추게 되었다. 자체 검토 및 편집을 포함하면 총 3~4시간이 걸린다. 다음으로 오전 중에 달리기를 했다. 달리는 도중에 종종 아이디어가 몇 가지 더 떠올랐고 나는 이것들을 30분 동안의 최종 편집 중에 추가했다. 이렇게 한 개 장의 초안이 완성되었다. 여기서 중요한 점은 아무 계획 없이 한 개 장을 쓰겠다며 자리에 앉지 않는다는 것이다.

본격적인 궤도에 오르면 일을 좀 쉬면서 일주일에 두세 개 장을 완성할 수 있었다. 결국 치열한 4개월의 노력 끝에 45,000단어로 이루어진 책의 초고를 완성했다. 약속보다 몇 개월이나 일찍 마친 것은 출판사에 반가운 소식이었을 뿐 아니라 타임박싱에 대한 만족스러운 메타적 증명meta-vindication(더 높은 수준의 증명-옮긴이)이기도 했다.

당신은 타임박싱이 내게 효과가 있다는 증거를 손에 들고(오디오북을 듣는다면 귀로 듣고) 있는 것이다. 타임박싱의 궁극적인 증거는 당신이 그것을 무엇을, 언제 하느냐에 달려 있다.

타임리스

"시간이 흘러도 변하지 않는다"는 이 책의 주제(23장은 제외)다.

나는 최근 이 책을 다 쓰고 얼마가 지난 후에야 '시간time'이 영어 단어 중 사용 빈도 최상위를 차지하고 있다는 사실을 알게 되었다. 적어도 2006년부터는 말이다.[80] 시간은 많은 시, 영화, 노래, 블로그, 책 등의 주요 주제다. 우리는 500단어에 한 번씩, 즉 두 페이지에 한 번씩 이 단어를 사용하고 읽는다. 특히 이 책에서는 이 단어의 사용 빈도가 그 수준보다 조금 더 높다.

타임박싱의 논리는 타당하다. 무엇이 중요한지, 언제까지 해야 하고, 언제 해야 하는지를 결정하고 그것을 실행하는 것(다른 것을 하지 않고)이 중요하다는 것은 이의를 제기하기 어려운 문제다. 시간을 이해하고 다루는 일은 우리에게 주어진 난제이자 특권이며 그것은 우리라는 존재에게 주어진 사라지지 않는 본질적인 부분이다. 그리고 시간은 존재를 탐색하는 데 필요한 모든 것을 제공한다.

나는 시간과 타임박싱이 우리를 지켜주는 파수꾼이라 생각한다.

감사의 말

이 책은 친절, 사고, 개방성, 편안한 마음, 소통, 주체성 등 제 인생에서 가장 중요한 것들을 담고 있습니다. 따라서 이 책에 영향을 준 많은 것들은 제 인생에도 영향을 준 것들입니다. 지면이 제한되어 있기 때문에 여기에는 《타임박싱 Timeboxing》을 쓰는 데 직접적으로 도움을 주신 분들만을 언급할 생각입니다. 시간의 순서대로 이야기해 보겠습니다.

누구보다 먼저 우리 어머니, 헬렌 자오 Helen Zao께 감사드립니다. 제게 생명을 주신 것은 물론이고, 그 이후의 더 많은 모든 것, 글쓰기를 가르쳐 주시고, 좋은 글들을 소개해 주시고, 항상 다르게 생각하는 모습을 보여주심으로써 저 역시 그렇게 하도록 영감을 주시고, 생강차와 함께 대화를 나누어 주시고, 멋진 여동생과 평생에 걸친 우정을 선사해주신 것을 비롯한 수없이 많은 것에 감사드립니다. 특히 지칠 줄 모르고 이 책을 편집해주신 데에도 감사드립니다.

시간에 대한 내 첫 번째 교훈을 받아들여주고 변함없는 사랑과 지원, 조언과 즐거움을 준 여동생 시빌Sibyl에게도 진심 어린 감사의 마음을 전하고 싶습니다.

셰익스피어부터 테네시 윌리엄스Tennessee Williams, 이언 매큐언에 이르기까지 언어와 문학을 더 세밀하게 볼 수 있도록 도와주신 잊을 수 없는 스승, 도리안Dorian 선생님께 감사드립니다. 좋은 선생님의 은혜는 헤아릴 수 없이 큽니다.

제게는 이 책을 집필하는 데 직접, 간접적으로 도움을 준 아이디어와 경험의 원천인 좋은 친구들이 있습니다. 최고의 여행과 토론, 명상을 함께한 리치Rich와 롭Rob. 2부가 부화할 수 있는 둥지가 되어주신 포스터만Fosterman. 궁극적으로 타임박싱이라는 개념의 대가를 미리 지불해주신 짐보Jimbo. 생각하고 글을 쓰고, 비즈니스 환경 속에서 전문가를 이끌도록 격려해주고, 우리의 정체성, 더 큰 힘에 대한 아이디어를 제공해준 호세José, 수년 동안 AI, 학습, 타임박싱에 대한 전례 없는 지적 도전을 해준 그렉Greg. 생각과 "분명히 책을 쓸 수 있다"는 자신감을 공유해준 알비온Albion. 단순성과 솔직함으로 제게 지침이 되어준 스티븐Stephen. 비즈니스 환경에서는 일반적이지 않은 격려를 해준 피터Peter와 만토Manto. 독창적이고 색다른 아이디어와 소셜 미디어에 적극적으로 참여할 용기를 불어넣어준 탬신Tamsin. 필요할 때 의지가 되어준 줄리Julie. 이들에게 감사의 인사를 전합니다.

글쓰기에도 도움을 준 친구들이 있습니다. 그 길을 이끌어준 에드Ed, 필요할 때 물질적인 도움을 준 것 그리고 주사위도 고마워. 문학에서 선구자가 되어준 패트릭Patrick, 모험에 대해서도 짐Jim에 대해서도 고맙다. 장르를 넘나드는 용기와 기백을 보여준 안나Anna 그리고 제니Jennie, 크리스마스의 숙제, 중국어, 그리고 늘 따뜻하게 다가와 줘서 고마워.

우리 가족은 거의 1년 동안 저와 이 책에 도움을 주었습니다. 루카Luka, 당신의 자부심이 어려운 순간에도 집필의 불이 꺼지지 않게 해주었습니다. 아야Aya, 이른 아침마다 원고를 수정하고 제가 옳은 질문을 하도록 해주어서 고맙습니다. 파비안Favian, 당신의 느긋한 성정이 타임박싱을 통제하는 데 도움을 줍니다. 엉뚱한 재기가 양심적인 시간 관리의 대안이 될 수 있다는 것을 입증해준 크수시Ksush. 인내를 보여주고 리포시노를 알려준 마티아Mattia. 특히 코스타리카에서 도움을 주시고 지혜를 나눠준 올리야Olya와 데이브Dave. 우리의 첫 프로젝트 6제로6zero를 함께해준 샘Sam, 공원에서 '눈부신' 책 리뷰를 들려준 말로Marlowe, 영감을 선사하고, 자유로운 영혼, 즉흥성, 사랑을 보여주며, 초고에 대한 긍정적인 리뷰를 해주고, 내가 발견하기 시작한 그 관행을 점진적으로 받아들여준

내 아내 롤라. 이 모든 가족 분들께 감사드립니다.

이 책을 쓸 공간을 제공해 주시고 책의 기반이 되는 많은 경험을 공유해주신 필터드Fitered의 직원들과 임원(과거와 현재의) 여러분께 감사드립니다. 수년에 걸친 여러분과의 상호 작용은 이 책의 많은 소재를 다듬는 데 도움이 되었습니다. 특히 많은 일을 함께하며 제 생각에 큰 영향을 준 공동 설립자 빈Vin과 크리스Chris를 특별히 언급하고 싶습니다. 선禪에 대해 알려주신, 저와 마찬가지로 타임박싱의 학생이자 스승인 토비(공동 설립자와 다름없는)도 꼭 언급하고 싶습니다.

《하버드 비즈니스 리뷰》의 다나Dana, 몇 년 전 타임박싱에 대한 기사를 싣는 위험을 감수해주시고 그 이후로 내내 전문적이면서도 유쾌한 대화를 나눠주신 데 감사드립니다. 당신과 함께 일하는 것은 기쁨입니다.

제 출판 에이전트인 유나이티드 에이전트United Agents의 짐 길은 성실함과 근성, 유머로 제 편에서 싸워주고 좋은 결과를 가져다주었습니다. 그리고 이 모든 과정에서 든든한 버팀목이 되어준 유나이티드의 앰버 가비Amber Garvey에게도 감사를 전합니다.

영국 펭귄 랜덤하우스Penguin Random House의 새로운 친구들도 빼놓을 수 없습니다. 캐롤리나Karolina, 나를 찾아 이 책이 나올 수 있게 해준 기업가 정신과 끈기 그리고 좋은 아이디어든 나쁜 아이디어든 제 아이디어에 대한 탄력적인 공명판이 되어준 데 감사드립니다. 이 책이, 마땅히 그래야 하는 것처럼, 비즈니스보다 삶에 관한 책이 될 수 있도록 도와준 폴라Paula께 감사를 전합니다. 마지막 순간의 편집 작업에 긍정적인 태도와 에너지를 보여주신 엠마Emma께 감사의 인사를 드리고 싶습니다. 그리고 이 책을 정리하고 여러 나라에 출간하게 해주신 펭귄의 다른 많은 분들께도 감사의 마음을 전합니다.

더 최근에 알게 된 미국 세인트 마틴스 프레스St Martin's Press의 새로운 친구들께. 모든 팀원들이 뛰어나지만 특히 팀 바틀렛Time Bartlett은 꼭 언급해야겠습니다. 그의 상세하고 꼼꼼한 편집과 관심은 이 책을 그의 손이 닿지 않았을 때보다 훨씬 더 좋게(그리고 두 개 장을 더 짧게) 만들었습니다.

너그럽게도 귀중한 시간과 귀중한 조언을 허락하신 기성 작가, 킴 스콧Kim Scott, 루크 버지스Luke Burgis, 캐리 윌리어드Karie Willyerd에게 감사드리고 싶습니다. 저도 여러분들처럼 신인 작가들에게 친절한 사람, 유용한 사람이 되기 위해 노력하겠습니다.

특히 BJ 포그께 감사드립니다. 그는 수백만 명의 사람들을 격려해 작고 쉬운 습관을 만들도록 함으로써 습관 형성 분야를 선도하고 있습니다. 이 책에 대해 자신감을 되찾게 하는 관대한 리뷰를 보내주셔서 감사합니다. 그리고 19장에서 저를 코칭해주신 분들께도 감사드립니다. 마할로Mahalo(하와이 말로 "감사합니다"라는 의미-옮긴이)!

자신의 이야기를 공유해주신 전 세계 타임박서 여러분께 감사드립니다. 저는 온라인에서 타임박싱에 대해 이야기해준 많은 분들께 연락을 취하면서 답이 많이 오지 않을 것이라고 생각했습니다만 현실은 달랐습니다. 수십 통의 답장을 받았습니다. 이 작업은 방대한 디지털 소셜 미디어 플랫폼에서 만난 서로를 잘 알지 못하는 사람들 사이에서도 얼마나 긍정적이고 멋진 인간관계가 형성될 수 있는지 다시 한번 알려주었습니다. 여기에 모든 이야기를 이 책에 다 사용하지 못해서 아쉽지만, 여러분 모두의 역할이 여러분이 생각하는 것보다 크다는 것은 확실히 말할 수 있습니다.

시간 순서에 따라 마지막으로 감사의 인사를 드려야 할 분은 바로 당신, 독자 여러분입니다. 자신이 시간을 어떻게 사용하는지 다시 한번 생각해보려고 노력해 주셔서 감사합니다. 그런 바람과 열망 속에서 우리 사이에는 유대가 형성되어 있습니다.

주

1 대니얼 마코비츠, 'To-Do Lists Don't Work', 《하버드 비즈니스 리뷰》, 2012, https://hbr.org/2012/01/to-do-lists-dont-work

2 마크 자오-샌더스, 'How Timeboxing Works and Why It Will Make You More Productive', 《하버드 비즈니스 리뷰》, 2018, https://hbr.org/2018/12/how-timeboxing-works-and-why-it-will-make-you-more-productive

3 https://www.tiktok.com/@timeboxmedia

4 그랜트 A. 피그나티엘로 외, 'Decision Fatigue: A Conceptual Analysis', 《J Health Psychol》, 2018, https://www.ncbi.nlm.nih.gov/pmc/articles/PMC6119549/

5 www.filtered.com

6 올더스 헉슬리는 1958년의 이 동영상에서 기술과 인구 증가가 자유를 축소한다고 주장하고 있다: https://www.youtube.com/watch?v=alasBxZsb40

7 임마누엘 칸트, 《Groundwork of the Metaphysics of Morals》, 1785

8 브라이언 트레이시, 'Eat That Frog, Explained by Brian Tracy', Brian Tracy International, https://www.briantracy.com/blog/time-management/the-truth-about-frogs/

9 위임과 기술 사용을 제외한 모두.

10 피터 M. 골위처, 'Implementation Intentions: Strong Effects of Simple Plans', 《American Psychologist》, 1999, https://doi.org/10.1037/0003-066X.54.7.493

11 애비게일 패터슨 외, 'Evidence that implementation intentions reduce self-

harm in the community', 《British Journal of Health Psychology》, 2023, https://bpspsychub.onlinelibrary.wiley.com/doi/10.1111/bjhp.12682

12 'Executive Assistant Demographics and Statistics in the US', Zippia, https://www.zippia.com/executive-assistant-jobs/demographics/

13 'The Definitive 100 Most Useful Productivity Tips', Filtered, https://learn.filtered.com/hubfs/Definitive%20100%20Most%20Useful%20Productivity%20Hacks.pdf

14 조지 버클리가 300년 전 던진, 아직도 해답이 나오지 않은 질문, "숲에 나무가 쓰러졌는데 아무도 그 소리를 듣지 못한다면 나무는 소리를 내는 것일까?"를 상기하게 하는 말.

15 'How can you make time last longer?', 〈Radio 4 in Four〉, BBC Sounds, https://www.bbc.co.uk/sounds/play/p041vcb6

16 https://www.youtube.com/watch?v=ideZXg-TLz8

17 타임박싱은 Note 영역을 활용해 다양한 형태의 일기나 일지를 포함하도록 쉽게 확장시킬 수 있다.

18 'Mental Health at Work', World Health Organisation, 2022, https://www.who.int/news-room/fact-sheets/detail/mental-health-at-work

19 나데르 하주루, 'Relationships Between Self-Efficacy, Self-Esteem and Procrastination in Undergraduate Psychology Students', IJPBS, 2014, https://www.ncbi.nlm.nih.gov/pmc/articles/PMC4359724/

20 브래드 이온 외, 'Does Time-Management Work? A Meta-Analysis', 《PLoS One》, 2021, https://www.ncbi.nlm.nih.gov/pmc/articles/PMC7799745/

21 닉 피츠, 'Batching Smartphone Notifications Can Improve Well-Being', 《Computers in Human Behaviour》, 2019, https://www.academia.edu/36928325/Batching_smartphone_notifications_can_improve_well_being

22 www.theguardian.com/on-my-terms/2022/sep/01/its-past-your-worry-time-four-ways-to-stop-overthinking-and-enjoy-yourself

23 레오니 C. 스테커마이어, 'The Value of Autonomy for the Good Life. An Empirical Investigation of Autonomy and Life Satisfaction in Europe', Soc Indic Res, 2021 https://link.springer.com/article/10.1007/s11205-020-02565-8

24 https://www.instagram.com/reel/Cnitexrhs7K/?igshid=YmMyMTA2M2Y%3D

25 레이 A. 스미스, 'Workers Now Spend Two Full Days a Week on Email and in Meetings', 《월스트리트 저널》, 2023, https://www.wsj.com/articles/workers-say-its-harder-to-get-things-done-now-heres-why-2a5f1389

26 대니얼 J 레비틴, 'Why the Modern World is Bad For Your Brain', 《가디언》, 2015, www.theguardian.com/science/2015/jan/18/modern-world-bad-for-brain-daniel-j-levitin-organized-mind-information-overload

27 https://ecal.com/70-percent-of-adults-rely-on-digital-calendar/

28 피터 F. 드러커, 'What Makes an Effective Executive', 《하버드 비즈니스 리뷰》, 2004, https://hbr.org/2004/06/what-makes-an-effective-executive

29 칼 뉴포트는 1955년 파킨슨 논문의 잘못된 해석을 지적하지만, 나는 지난 70년 동안 사람들의 상상력을 사로잡은 이 잘못된, 그러나 유명한 인용구에 초점을 맞출 것이다. https://www.calnewport.com/blog/2008/06/11/debunking-parkinsons-law/

30 로라 A. 브래넌 외, 'Timeless Demonstrations of Parkinson's First Law', 《Psychonomic Bulletin & Review》, 1999, https://www.researchgate.net/publication/11189704_Timeless_demonstrations_of_Parkinson's_first_law

31 앨리엇 애런슨 외, 'Further Steps Beyond Parkinson's Law', 《Journal of Experimental Social Psychology》, 1967, https://www.sciencedirect.com/science/article/abs/pii/0022103167900297

32 다이애나 M. 타이스 외, 'Longitudinal Study of Procrastination, Performance, Stress, and Health', 《Psychological Science》, 1997, https://psycnet.apa.org/record/1997-43695-008

33 마리아 데 파올라, 프란체스카 조이아, 'Who Performs Better Under Time Pressure?', IZA, 2014, https://docs.iza.org/dp8708.pdf

34 미국심리학회, 'Multitasking: Switching Costs', 2006, https://www.apa.org/topics/research/multitasking

35 https://www.nhtsa.gov/risky-driving/distracted-driving

36 카타리나 부흐홀츠, 'Which Countries Spend the Most Time on Social Media?' World Economic Forum, 2022, https://www.weforum.org/agenda/2022/04/social-media-internet-connectivity/

37 https://markmanson.net/are-you-not-entertained

38 https://www.eurekalert.org/news-releases/883606

39 마크 자오 샌더스, 'How Timeboxing Works and Why It Will Make You More
    Productive', 《하버드 비즈니스 리뷰》, 2018, https://hbr.org/2018/12/how-
    timeboxing-works-and-why-it-will-make-you-more-productive

40 파란색은 창의력을 높여준다고 한다: 'Effect of Colours: Blue Boosts
    Creativity', University of British Columbia, 2009, https://www.sciencedaily.
    com/releases/2009/02/090205142143.htm#:~:text=Effect%20Of%20
    Colors%3A%20Blue%20Boosts,Attention%20To%20Detail%20%2D%2D%20
    ScienceDaily

41 'What Are Your Chances of Living to 100?', Office for National Statistics,
    2016, https://www.ons.gov.uk/peoplepopulationandcommunity/
    birthsdeathsandmarriages/lifeexpectancies/articles/whatareyourchancesoflivi
    ngto100/2016-01-14

42 레이첼 질레트, 'People over 65 shared their greatest regret in life',
    Independent, 2016, https://www.independent.co.uk/life-style/health-and-
    families/features/people-over-65-shared-their-greatest-regret-in-life-
    the-most-common-one-may-surprise-you-a6800851.html

43 사라 크로우, 다나 슐츠, '50 Regrets Everyone Has Over 50', BestLife, 2023,
    https://bestlifeonline.com/most-common-regrets/

44 A. 파울로스키, 'How to live life without major regrets', Today, 2017, https://
    www.today.com/health/biggest-regrets-older-people-share-what-they-d-
    do-differently-t118918

45 https://www.independent.co.uk/life-style/health-and-families/features/
    people-over-65-shared-their-greatest-regret-in-life-the-most-common-
    one-may-surprise-you-a6800851.html

46 https://news.microsoft.com/2008/01/14/survey-shows-increasing-
    worldwide-reliance-on-to-do-lists/

47 자넷 최, 'How to Master the Art of To-Do Lists by Understanding Why they
    Fail', IDoneThis, 2021, http://blog.idonethis.com/how-to-master-the-art-
    of-to-do-lists/

48 코린 퍼틸, 'The New Science of Forgetting', 《타임》, 2022, https://time. com/6171190/new-science-of-forgetting/

49 https://www.campaignmonitor.com/resources/knowledge-base/how-many-emails-does-the-average-person-receive-per-day/

50 https://www.newswiretoday.com/news/76151/New-Survey-Reveals-Average-Brit-Has-27-Conversations-Every-Day/

51 대니얼 카너먼, 'Intuitive Prediction: Biases and Corrective Procedures', Advanced Decision Technology Program, 1977, https://apps.dtic.mil/dtic/tr/fulltext/u2/a047747.pdf

52 Britain's famous, timeboxing chef: https://www.jamieoliver.com/recipes/category/books/jamies-30-minute-meals/

53 'Why You Should Skip the Easy Wins and Tackle the Hard Task First', KelloggInsight, 2019, https://insight.kellogg.northwestern.edu/article/easy-or-hard-tasks-first

54 마크 리버, 'Night Owls Have 10% Higher Mortality Risk', CNN Health, 2018, https://edition.cnn.com/2018/04/12/health/night-owl-mortality-risk-study/index.html

55 Carolyn Schur, 'Night Owls', Alert@Work, 2023 https://alertatwork.com/percentage-of-night-owls-early-birds-and-intermediates-in-the-general-population

56 캐롤린 슈어, 'The simple trick Steve Jobs followed to be "most productive"', CNBC Make It, 2021, https://www.cnbc.com/2021/05/27/steve-jobs-former-assistant-on-what-he-did-to-be-most-productive.html

57 모 셸립: https://vimeo.com/226508728

58 볼테르, 'La Bégueule', 1772

59 조셉 F. 페라리 외, 'Procrastination', Encyclopedia of Personality and Individual Differences. Springer, Cham., 2020, https://link.springer.com/referencework entry/10.1007/978-3-319-24612-3_2272

60 《Psychological Bulletin》, Vol. 133, No. 1

61 https://www.youtube.com/watch?v=vJG698U2Mvo

62 에릭 H 슈마허 외, 'Virtually Perfect Time Sharing in Dual-Task Performance',

《Psychological Science》, 2001, https://journals.sagepub.com/doi/pdf/
10.1111/1467-9280.00318

63 켈빈 F. H. 루이 외, 'Does Media Multitasking Always Hurt? Psychon Bull Rev,
2012, https://pubmed.ncbi.nlm.nih.gov/22528869/

64 제임스 클리어, 'How to Build New Habits by Taking Advantage of Old Ones',
Habit Stacking(https://jamesclear.com/habit-stacking#) where Clear credits
Fogg for the idea

65 샘 해리스, 'Death and the Present Moment', speech at the Global Atheist
Convention, April 2012

66 'Research Proves Your Brain Needs Breaks', Work Trend Index, Microsoft,
2021, https://www.microsoft.com/en-us/worklab/work-trend-index/brain-
research

67 철학자 임마누엘 칸트는 짧은 산책을 무척 좋아했다.

68 시각화, 호흡 연습, 메모 수정, 리허설, 긍정적 확언 등이 포함된다.

69 R. J. 캐플란 외, 'Dietry protein, carbohydrate and fat enhance memory
performance in healthy elderly', 《Am J Clin Nutr》, 2001, https://pubmed.
ncbi.nlm.nih.gov/11684539/

70 데릭 톰슨, 'A Formula for Perfect Productivity', 《The Atlantic》, 2014, https://
www.theatlantic.com/business/archive/2014/09/science-tells-you-how-
many-minutes-should-you-take-a-break-for-work-17/380369/

71 크리스티안 R. R. 알베스 외, 'Influence of Acute High-Intensity Aerobic Interval
Exercise Bout on Selective Attention and Short-Term Memory Tasks',
《Perceptual and Motor Skills》, 2014, https://journals.sagepub.com/doi/
abs/10.2466/22.06.PMS.118k10w4

72 'Brief Diversions Vastly Improve Focus', 《사이언스데일리》, 2011, https://
www.sciencedaily.com/releases/2011/02/110208131529.htm

73 레아 A. 아이리시 외, 'The role of sleep hygiene in promoting public health: A
review of empirical evidence', 《Sleep Medicine Reviews》, 2015, https://www.
sciencedirect.com/science/article/abs/pii/S1087079214001002?via%3Dihub

74 이런 가정 뒤에 숨은 역사와 과학에 관심이 있다면 매튜 워커의 《Why We Sleep》
과 러셀 포스터의 《라이프 타임》을 추천한다.

75 무하마드 부바카르 외, 'Impact of Windows and Daylight Exposure on Overall Health and Sleep Quality of Office Workers', JCSM, 2014, https://jcsm.aasm.org/doi/10.5664/jcsm.3780

76 파드 A. 알샤빌리 외, 'The effect of smartphone usage at bedtime on sleep quality among Saudi non-medical staff at King Saud University Medical City', 《JFMPC》, 2019, https://www.ncbi.nlm.nih.gov/pmc/articles/PMC6618184

77 기술의 간단한 정의: 실용적인 목적을 위한 지식의 적용.

78 캐시 쇼트슬리브, 'A Guide to Doing Nothing for People Who Are Really Bad At It', 《Self》, 2022, https://www.self.com/story/guide-to-doing-nothing

79 크리스탈 후, 'ChatGPT sets record', 로이터, 2023 https://www.reuters.com/technology/chatgpt-sets-record-fastest-growing-user-base-analyst-note-2023-02-01/

80 마크 자오-샌더스, 'The most frequently used English noun', One Thing at a Time, 2023, https://marczaosanders.substack.com/p/the-most-frequently-used-english

타임박싱

1판 1쇄 인쇄 2024년 4월 5일
1판 1쇄 발행 2024년 4월 19일

지은이 마크 자오-샌더스
옮긴이 이영래

발행인 양원석
편집장 정효진
디자인 남미현, 김미선
영업마케팅 윤우성, 박소정, 이현주, 정다은, 백승원

펴낸 곳 ㈜알에이치코리아
주소 서울시 금천구 가산디지털2로 53, 20층 (가산동, 한라시그마밸리)
편집문의 02-6443-8847   **도서문의** 02-6443-8800
홈페이지 http://rhk.co.kr
등록 2004년 1월 15일 제2-3726호

ISBN 978-89-255-7510-0 (03190)